本当においしく作れる

韓国家庭料理

きちんと定番COOKING

はじめに

この本を手にとってくださったかた、韓国料理を作ったことがありますか?
日本でもコチュジャンや韓国の粉唐辛子が手に入りやすくなって、
韓国風のおかずを作る人が増えてきましたね。
テレビや雑誌でも、レシピをよく目にします。
韓国料理がどんどん広まっていくのだなあと、うれしく思います。
私が「妻家房《さいかぼう》」をオープンした23年前のこと。
当時は焼き肉店以外の韓国料理のお店は少なく、
韓国の家庭料理のおいしさをもっと知ってもらいたくて、始めました。
自宅の一部を改装して造った小さなお店に、
祖母や母から受け継いだ、私の味をおいしいと、
通ってくださるお客様がいて、今日まで続けられたのです。
そしてそのころから変わらぬ味を、

当時よりたくさんのかたがたに召し上がっていただけるようになりました。
20年以上たった今、今度は私の味を、
おうちで作っていただきたくて、この本を作りました。
韓国風ではない、韓国家庭料理を
覚えていただけたらと思い、たくさんのレシピを公開しました。
ちょっと手間のかかるものもあるかもしれません。
でも楽しんで作っていただけたらいいなあと思います。
本当においしい韓国料理は
食べ飽きず、クセになるおいしさなんですよ。
その証拠に、キムチ嫌いで、韓国料理もあまり好きではなかった
カメラマンがこの本の撮影で、キムチ好きになったのです。
彼は今、韓国料理の大ファン。
ぜひこの本のレシピで、たくさんの人を韓国料理の虜にしてください。

妻家房
柳《リュウ》香《ヒャン》姫《ヒ》

本当においしく作れる 韓国家庭料理

目次

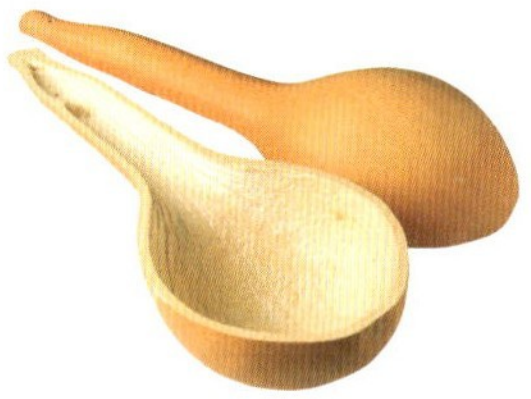

PART 1

絶対マスターしたい！ 人気の定番料理

PART 2

ご飯がすすむ ピリ辛おかず

PART 3

プラス一品で充実！ 便利おかず

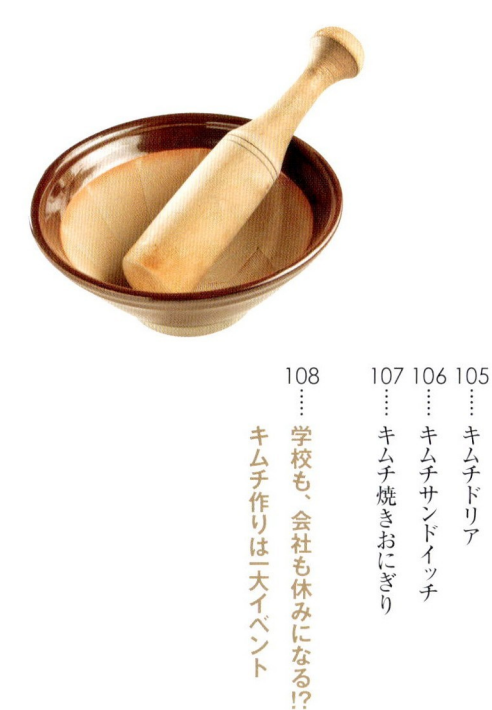

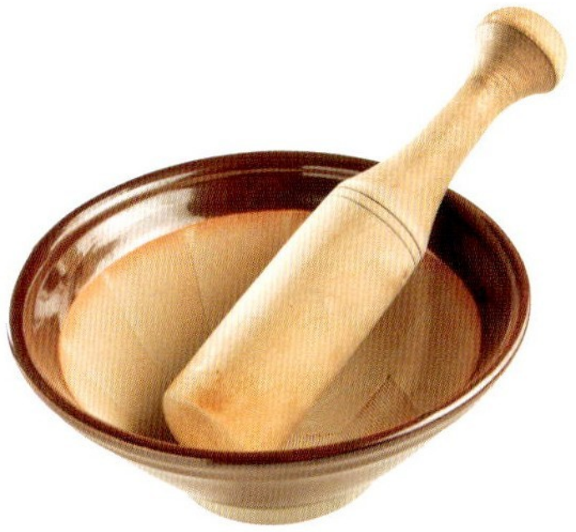

PART 4

名人・柳さんに習う キムチ教室

PART 5

あこがれの味が作れる 鍋《チゲ》&スープ

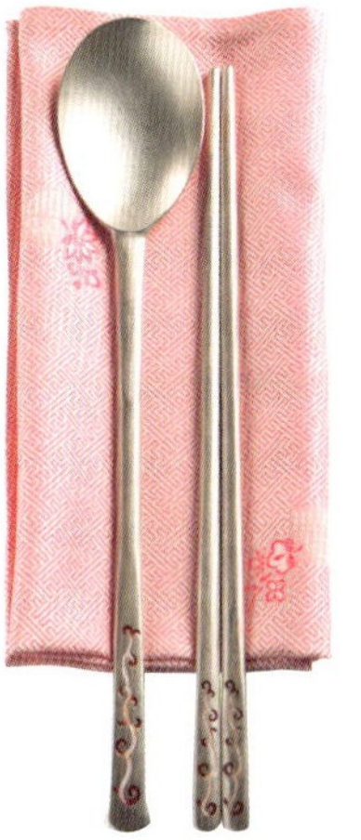

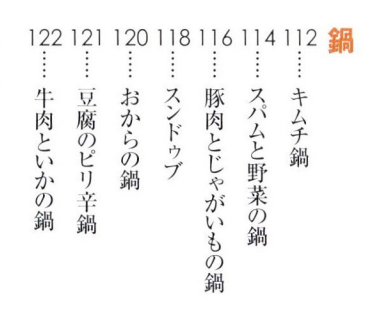

PART 6

一品で大満足! 麺&ご飯

麺

ご飯

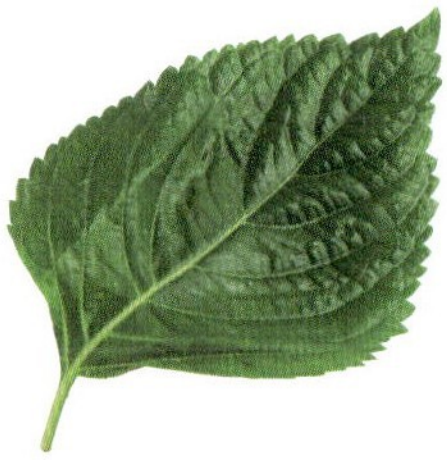

韓国料理の便利帳

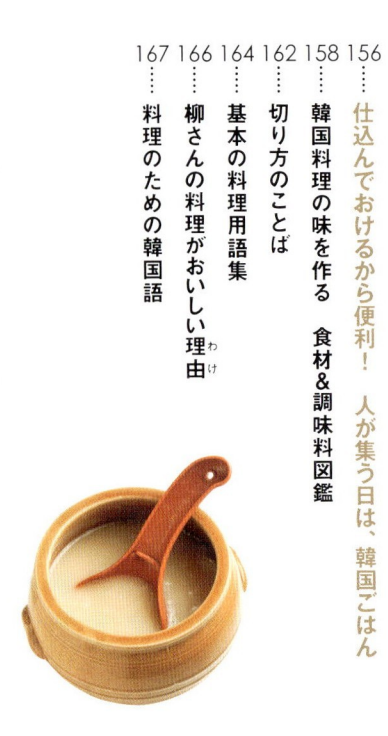

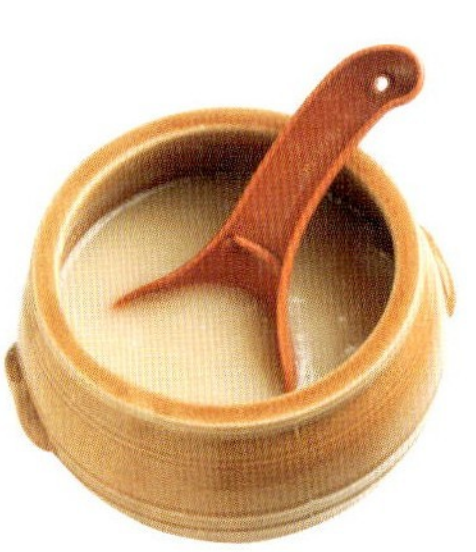

教えて! 柳さん

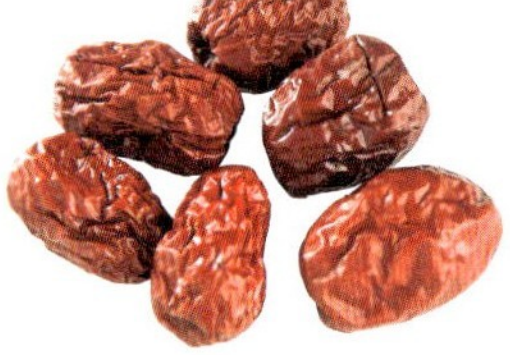

マナーや食べ方もわかる

韓国ごはんを楽しもう

日本の食卓でも、韓国風のおかずが並ぶことが増えてきました。でも焼き肉やビビンバは知っているけど、韓国家庭料理って本当はどういうものなの?というかたも多いことでしょう。そこで、本書では韓国家庭料理を日本で楽しめるように、主菜、副菜、スープなどに分けてきちんと習います。人気の韓国定番料理から作るもよし、辛ウマの鍋から作るもよし。1品作るたびに韓国料理のおいしさの虜になりますよ。韓国料理がもっとおいしくなる、食べ方やマナーもご紹介します。

スッカラとチョッカラ

スプーンをスッカラ、箸をチョッカラと呼び、合わせて「スジョ」という。ステンレス、銅、真鍮などでできたものが多く、重量感がある。並べ方に決まりはなく、どちらを右に置いてもよいが、縦に配置することが多い。日本と大きく違って、ご飯とスープにはスッカラを使い、おかずにはチョッカラを使用する。

キムチ

白菜キムチのほか、大根、きゅうり、小松菜など数えきれないほど種類が豊富。韓国ごはんの日には必ず添えたい。

スープ

韓国の食事に欠かせないものといえば、キムチと並んでスープ。汁ものがなければ食事が始まらないといわれている。器を手に持たず、スプーンで食べるのがマナー。これは昔、鉄製の器が主流で、料理を入れると熱くて持つことができなかったからだとか。

もっと
おいしくなる！
食べ方いろいろ

**韓国ならではの食べ方を覚えて、
おいしくいただきましょう。**

1 包む

韓国にはサム（＝包む）といって、野菜や海藻に肉やご飯を包んで、ひと口で食べる習慣がある。口の中でさまざまな味がミックスされるのを味わう。

2 混ぜる

韓国の定番料理、ビビンバのビビンは混ぜるの意。ビビンバだけでなく、麺やご飯をよくよく混ぜて食べることが多い。味をミックスさせて食べる韓国ならではの食べ方。

3 浸す

あらかじめスープにご飯が入ったクッパも有名だが、ご飯をスープに少し浸して口にすることも。口の中を十分潤しながら食べると、飲み込みやすくおいしく食べられる。

おかず

主菜、副菜という考え方はなく、肉や魚を中心としたおかずや、ナムルなどの和えもの、サラダ、常備菜などから数種そろえる。材料や調理法、味つけが偏らないように、バランスよく組み合わせる。韓国では品数は多ければ多いほどよいとされているが、まずは日本流に主菜、副菜それぞれ1品ずつでも。

ご飯

ご飯の器は蓋つきのものが多い。もともと汁ものの器以外は蓋つきが正式だったが、その名残がご飯にだけある。最近はおもてなしや格式ばった席以外、蓋なしが多い。こんもりと盛るのが韓国流。器は置いたまま、スプーンで食べる。

韓国料理おいしさの決め手は「ヤンニョン」にあり

レシピをパラパラッと見ると、この本の料理は材料の種類が多めかもしれません。でもよく見ると、その多くがご家庭にあるおなじみの調味料や薬味ですね。

　韓国料理では多種の調味料や薬味を組み合わせたものを「ヤンニョン」と呼び、煮る、炒める、和えるなど、どの料理でも味つけはヤンニョンだけ！　簡単ながら、これで味が決まります。あらかじめ混ぜておく合わせ調味料、つけだれやかけだれ、また鍋の中で調味料が混ざった状態もすべてヤンニョン。使う調味料は、どの料理にも共通するものがほとんどで、組み合わせや分量を微妙に調整することで、味を変化させるのです。

ヤンニョンに欠かせない韓国調味料

さんま、いか、ほうれん草…この本で使う食材は、和食でも一般的なものがたくさんあります。それでもなぜか「韓国の味」になります。一体どうしてでしょう？　答えはここで紹介する調味料を使うから。日本でもおなじみのものもありますが、韓国のものとは風味がちょっと違います。これらがあれば、より韓国らしい味が再現できますよ。詳しい説明は巻末の食材&調味料図鑑（→p.158）をご覧ください。

コチュジャン

甘辛く濃厚な唐辛子みそ。唯一日本のおかずで使わない調味料です。煮もの、炒めもの、和えもの、つけだれなど何にでも使えます。

粗びき粉唐辛子

爽やかな香りと辛みが持ち味の乾燥粉唐辛子。日本のものより辛みが穏やかです。「妻家房」では、辛みや風味の違う品種がミックスされて売られています。ほとんどの料理に、風味豊かな粗びきを使います。

ごま油

風味づけに欠かせない油。油というより調味料的な役割をします。日本のものより深いりで、濃くて風味豊かです。

にんにく

ほとんどのヤンニョンに加えます。韓国では専用の道具でつぶすのが主流。水分が出にくく、風味がしっかり残ります。本書ではすりおろしを使用。

韓国水あめ

日本のものよりさらりとしています。照りを出し、とろみをつける役割にも。甘みの強いオリゴ糖を使うと照りは出ませんが、半量ですみます。

この本の使い方

きちんとおいしく作るために、本書レシピの使いこなし方をご紹介します。

作り方について

●黄色くマーキングした部分は、作り方のポイントです。ここを押さえれば、必ず成功します。
●あらかじめ調味料を合わせておく場合は、しっかり混ぜて、加える直前にもう一度混ぜてから加えます。ボウルに残った調味料も分量の水やスープ、だし汁などを入れて、すべてきちんとぬぐい入れましょう。

料理名について

料理名についているハングルは韓国の料理名です。日本語をそのまま訳したものではありません。また本来読みは日本語の音では表現できませんが、できるだけ近い音をカナ表記しています。

材料表について

●大さじ１は15mℓ、小さじ1は5mℓ、１カップは200mℓです。
●だし汁とは煮干しと昆布でとったもので、131ページにだし汁のとり方を紹介しています。
●水あめ、粉唐辛子、ごま油、みそは韓国産を使用しています。味わいや風味が日本のものとやや異なるため、ご注意ください。その他不明な食材や調味料は158～161ページを参考にしてください。
●代用可能な食材があるものは補足してあります。
●他のページで詳しく紹介しているものは、（→p.125）など参照ページを示しました。必要に応じて確認してください。

「おいしく作るコツ」は、柳さんからのメッセージ

下準備や調理法などおいしく作るためにぜひ知ってほしい、大切なことを柳さんが伝えています。料理の背景にある楽しいお話も、聞かせてくれますよ。

「おいしく食べるために」は、韓国式の食べ方

●食卓での食べ方をご紹介していきます。韓国式の食べ方で、おいしくいただきましょう。

料理の盛り付け

●材料の分量は2～4人分、または作りやすい分量です。でき上がり写真は材料の分量どおりではありません。ご注意ください。
●温かい料理を盛る前には、器も温めておきましょう。

絶対マスターしたい！

人気の定番料理

お店のメニューだったら、
全部注文したくなるような、
韓国料理のオールスターズが勢ぞろいしました。
おつまみならチヂミ、
ご飯のおかずなら豚肉のキムチ炒め、
わいわい楽しむならプルコギ、
ランチならビビンバと、
いろんなシーンで楽しめますよ。

PART 1

日本で人気の
韓国料理ナンバーワンといえばチヂミ。
海鮮や野菜がたっぷり入った生地を
お好み焼き風に焼きます。
柳さん自慢の特製だれで召し上がれ。

海鮮チヂミ

해물전●ヘムルジョン

材料（直径20cmのもの1枚分）

- 薄力粉……110g
- 塩……ひとつまみ
- するめいか（さばいたもの）……$\frac{1}{4}$ぱい
- あさり（殻なし）……10個
- えび（むき身）……50g
- にら……50g
- 玉ねぎ……$\frac{1}{6}$個
- にんじん……$\frac{1}{6}$個
- ピーマン……$\frac{1}{4}$個
- 赤ピーマン……$\frac{1}{4}$個
- とき卵……1個分
- サラダ油……適量
- つけだれ（約$\frac{1}{2}$カップ分）
  - しょうゆ……大さじ$3\frac{1}{3}$
  - 酢……大さじ1
  - 粗びき粉唐辛子……大さじ1
  - いりごま……小さじ2
  - 砂糖……小さじ1
  - ごま油……小さじ1
  - にんにく（すりおろし）……小さじ$\frac{1}{2}$
  - 長ねぎ（みじん切り）……大さじ1

1

えびは背わたを取り、大きければ横半分に切る。玉ねぎは薄切りにする。にらは5cm長さに切り、にんじんは5cm、ピーマンは3cm長さ、するめいかは8cm長さの細切りにする。

2

ボウルに薄力粉と塩を入れ、水1カップを少しずつ加えて溶く。つけだれの材料を合わせて混ぜる。

3

2に1のいか以外の材料とあさりを加え、素材ひとつひとつにころもがつくように混ぜる。

4

フライパンにサラダ油大さじ1を入れて熱し、3を厚みが均等になるように広げて中火で焼く。

◀次ページに続く

チヂミのつけだれ

万能しょうゆだれ（→p.68）に酢や粗びき粉唐辛子を加えたたれ。薬味がたっぷり入って、チヂミがよりいっそうおいしく食べられる。

柳さん直伝

おいしく作るコツ

チヂミは韓国ではおかずというより、おやつや軽食で、小腹がすいたときに食べるものなんですよ。よく卵を生地に混ぜ込んで作るレシピがありますが、私は上から回しかけて作ります。そのほうが彩りがよくておいしそうでしょ？　野菜を混ぜ込んだ生地は作り置けます。ただその場合、野菜から水分が出るので水の量は控えめにしてください。実はチヂミは「ジョン」と呼ばれること、ご存じですか？　作り方は2つあります。ひとつはチヂミのように野菜や魚介を細かく切って、粉と卵を混ぜてお好み焼き状に焼いたもの。もうひとつは野菜や魚に、粉と卵をつけて焼いたピカタのようなものです。

美しい切り方と盛り付け

コツをつかめばまるでお店のように美しく仕上がります。おもてなしでも喜ばれますよ。

❶包丁を横にしてチヂミの中央に置き、刃先に左手を添えて、一気にザクッと切り落とす。

❷上下も同様にして等分に切る。

❸包丁を縦にし、❶、❷の要領で中央、左右を切る。

❹端1列を包丁にのせ、皿の左側に断面が見えるように置く。次の列を丸い縁が隠れるように重ねて盛る。

❺もう一方の端1列を重ね、最後の1列で丸い縁を隠すように重ねのせる。

5

1のいかを1本ずつ均等に並べ、生地に埋め込むようにフライ返しなどで押しつける。

6

とき卵を全体に細く流し入れ、まわりが焼けてきたら裏返す。

7

多めのサラダ油を鍋肌から回し入れる。

8

焼き固まったら、フライ返しで持ち上げて生地の下に油を回す。

9

ときどき上から軽く押さえ、火が通るまで弱火で焼く。切って器に盛り、つけだれを添える。

チヂミは方言!?

日本ではチヂミの名で知られていますが、韓国では通常「ジョン」と呼びます。実はチヂミは方言で、大邱（テグ）や釜山（プサン）が位置する、韓国西南部の慶尚道（キョンサンド）のことば。焼いているときのヂヂヂヂヂヂという音からついたそうです。昔、日本に移住してきた韓国人はこの地方出身者が多かったので、日本でこの名が広まったといわれています。

キムチヂミ

김치 전●キムチジョン

キムチの辛みと旨みがしっかり味わえるので、おつまみにもぴったり。たれをつけず、そのままいただきます。

材料(直径10㎝のもの8～10枚分)

薄力粉	100g
卵	1個
白菜キムチ	200g
玉ねぎ	65g
にんじん	30g
にら	20g
サラダ油	適量
飾り:パセリ	適量

1 白菜キムチは絞らずに粗く刻む。玉ねぎ、にんじん、にらはみじん切りにする。

2 ボウルに卵をとき、薄力粉を加えて混ぜ、水$\frac{3}{4}$カップを少しずつ加えて溶く。

3 2に1を加えて混ぜる。キムチは汁ごと加える。

4 フライパンに多めのサラダ油を熱し、3を直径10㎝ほどに丸く流し入れ、中火で焼く。

5 まわりが焼けてきたら裏返し、押さえても汁気がにじみ出てこなくなるまで焼き、器に盛ってパセリを添える。

柳さん直伝

おいしく作るコツ

キムチの汁は旨みたっぷり。絞らずに使うことで、汁が調味料になるとともに、粉を溶く水分になるので、海鮮チヂミより水は少なめです。キムチが好きでも、これ以上入れるとしょっぱくなるので注意してくださいね。

ねぎチヂミ

파전●パジョン

カリッと焼き上がった日本人好みの食感。
きれいに並べた万能ねぎは、
よく切れる包丁でザクッと切ると美しく、
食欲をそそります。

材料（直径20cmのもの1枚分）

薄力粉	110g
塩	ひとつまみ
万能ねぎ	60g
にら	30g
にんじん	30g
玉ねぎ	30g
とき卵	1個分
サラダ油	適量
つけだれ（→p.15）	適量

柳さん直伝

おいしく作るコツ

本来チヂミはしっとりと焼き上げるものですが、日本人はカリッとした食感が好きなので、お店でもねぎチヂミだけは、仕上げに両面をカリッと焼いています。このときの油は驚くほど多めですが、大丈夫。すべて吸うわけではありません。この食感が好評で、お店に来た韓国人も「こちらのほうがおいしい!」というくらい（笑）。韓国ではねぎチヂミ専門店もあるほど、ポピュラーです。切らずに、ねぎにそって裂いて食べることもあります。

1

万能ねぎはフライパンの直径より少し短めに切る。にらは8cm長さに、にんじんは3cm長さの棒状に切り、玉ねぎは薄切りにする。

2

ボウルに薄力粉と塩を入れ、水1カップを少しずつ加えて溶く。**1**の万能ねぎ以外の野菜を加えてよく混ぜる。フライパンにサラダ油大さじ1を熱し、生地を広げる。

3

2が焼き固まらないうちに万能ねぎを均等に並べ、フライ返しで押して生地になじませる。

4

とき卵を全体に回しかける。

5

縁が焼けて生地がフライパンからはがれてきたら裏返す。

6

サラダ油を鍋肌からたっぷり3周分ほど回し入れ、油が沸き立つ状態でパリッとさせる。再び返して、両面をパリッと焼き上げる。16ページの切り方と盛り付けを参照し、切って皿に盛り、つけだれを添える。

「ジョン」とは卵ごろもをつけてこんがり焼いたもののこと。肉詰めをした野菜や白身魚の韓国版ピカタ。

ジョン3種（しいたけ、ピーマン、白身魚）

삼색전●サムセクジョン

材料（4人分）

- しいたけ（大）……4個
- ピーマン……1個
- たら※（切り身）……2切れ
- 合いびき肉……150g
- Ⓐ
  - しょうゆ……大さじ1
  - ごま油・酒……各大さじ$\frac{1}{2}$
  - すりごま……小さじ1
  - にんにく（すりおろし）……小さじ$\frac{1}{2}$
  - 塩……小さじ$\frac{1}{5}$〜$\frac{1}{4}$
  - こしょう……少量
- Ⓑ
  - 玉ねぎ（みじん切り）……40g
  - にら（みじん切り）……25g
  - にんじん（みじん切り）……20g
- 薄力粉……適量
- とき卵……2個分
- 生唐辛子（赤。小口切り）……適量
- サラダ油……適量
- 塩・黒こしょう……各少量

つけだれ（約$\frac{1}{4}$カップ分）

- 薄口しょうゆ……大さじ2
- 酢……大さじ1
- みりん……小さじ2
- すりごま……小さじ$\frac{1}{2}$

※白身魚ならほかの魚でもよい。

柳さん直伝

おいしく作るコツ

魚介ならえび、野菜ならさつまいも、じゃがいも、ズッキーニなどでもおいしくできます。ジョンは普段も食べますが、お盆や結婚式など人が集う席には欠かせない料理で、バリエーション豊かなんですよ。15ページのチヂミのたれでもよいのですが、肉や魚に合わせてごま油やにんにくの入らない、さっぱりとした酢じょうゆだれを添えました。

1

ボウルに合いびき肉を入れ、Ⓐを加えて混ぜてなじませる。Ⓑを加えて練らないように混ぜる。

2

ピーマンは1cm幅の輪切りにして、はさみで種を切り落とす。しいたけは軸を切り落とし、笠に十字に切り目を入れ、切り目の両脇から斜めに包丁を入れて飾り切りにする。

3

たらは薄くそぎ切りにし、片面に塩、黒こしょうをふる。

4

しいたけの笠の裏側に、ひだの間にもしっかり薄力粉をつけ、1を隙間なく詰める。

5

2のピーマンは内側に粉をつけ、1を隙間なく詰める。つけだれの材料を合わせて混ぜる。

6

フライパンにサラダ油を熱し、3に薄力粉、とき卵の順につけて中火で焼く。焼き色がついたら返し、中央にとき卵少量、生唐辛子をのせて軽く押さえ、再び裏返して焼けたら取り出す。

7

4の肉を詰めた面のみに薄力粉、とき卵を順につけ、肉のほうから中火で焼く。焼き色がついたら返し、火が通るまで焼く。

8

5の両面に薄力粉をつけ、とき卵にくぐらせて中火で焼く。こんがり焼けたら裏返し、フライ返しでときどき押しつけながら、火が通るまで焼く。器に盛り、5のつけだれを添える。

ビビンバ

비빔밥●ピビムパプ

野菜がたっぷり入った混ぜご飯。野菜本来の味を生かしたナムルは、数種混ぜると奥深く、飽きのこない味に。コチュジャンの量はお好みで。

材料（1人分）

ご飯（温かいもの）……160g
ぜんまいのナムル（→p.24）……20g
もやしのナムル（→p.24）……30g
ほうれん草のナムル（→p.24）……30g
大根のナムル（→p.25）……30g
大根のピリ辛和え（→p.25）……30g
ごま油……小さじ1
卵……1個
コチュジャン……適量

柳さん直伝

おいしく作るコツ

「ビビン」は混ぜる、「バ」はご飯。ナムルに限らず、ご飯に混ぜものをした料理をこう呼ぶんですね。韓国の家庭では残ったおかずや余った野菜を混ぜて、気軽に食べます。小さな子どもには、食べやすいように、ナムルをあらかじめはさみで小さめに切りましょう。苦手な野菜が入っていても、おいしくて食べてしまいますよ。

1

卵は目玉焼きを作り、広がった卵白は切り落とす。器にご飯を盛り、ごま油をかける。

2

ぜんまいのナムル、もやしのナムル、ほうれん草のナムル、大根のナムル、大根のピリ辛和えを彩りよく盛る。ご飯を覆い尽くさず、それぞれをまとめてこんもりと盛ると美しい。

3

1の目玉焼きを中央にのせ、コチュジャンを添える。

◀ナムルの作り方は24、25ページの「ビビンバにのせるナムルはこれ!」を参照

おいしく食べるために

好みでコチュジャンを加え、よく混ぜていただきます。ご飯の白い部分が残らず、具もかたまりがなく全体にばらけている状態が理想。

教えて!柳さん

ビビンバにのせるナムルはこれ!

ビビンバにのせるナムルに決まりはありません。お店ではぜんまい、もやし、ほうれん草、大根のナムル、そして大根のピリ辛あえをのせています。この組み合わせ、彩りと食感のバランスがいいんです。大根はナムルだけでなく、火を通さずピリ辛あえにすると、色もきれいで、シャキシャキとした食感がアクセントになっておいしいんですよ。でも石焼きビビンバには入れません。なぜなら火にかけるため食感が残らないから。その代わり、肉そぼろを加えてビビンバよりも少しコクを出します。ナムルの作り方は73ページも参考にしてくださいね。

ぜんまいのナムル

材料（約170g分）

- ぜんまい（水煮）……135g
- Ⓐ
  - しょうゆ……大さじ1
  - ごま油……大さじ½
  - 砂糖……小さじ½
  - 牛だしの素（→p.161）……小さじ½
  - にんにく（すりおろし）……小さじ½
- すりごま……小さじ½

作り方

1 ぜんまいはよく洗ってざるに上げ、長ければはさみで切る。ボウルに入れ、Ⓐを加えて1本ずつによくからませながら手で混ぜる。

2 フライパンを熱し、油をひかずに1を入れる。水分をとばすように広げながら強めの中火で炒め、仕上げにすりごまを加えて混ぜる。

ほうれん草のナムル

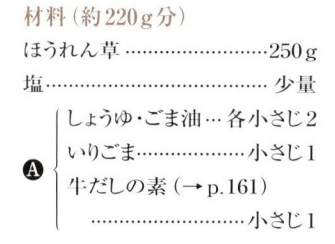

材料（約220g分）

- ほうれん草……250g
- 塩……少量
- Ⓐ
  - しょうゆ・ごま油…各小さじ2
  - いりごま……小さじ1
  - 牛だしの素（→p.161）……小さじ1

作り方

1 鍋に熱湯を沸かし、塩を入れ、ほうれん草をゆでる。水にとり、水分をやさしくしっかり絞り、根元に切り目を入れて4等分に裂く。

2 ボウルに1を入れ、Ⓐを加えて手でよく和える。

もやしのナムル

材料（約260g分）

- 豆もやし……1袋（250g）
- Ⓐ
  - ごま油……大さじ1
  - 牛だしの素（→p.161）……小さじ1
  - にんにく（すりおろし）……小さじ1
  - すりごま……小さじ1
  - 塩……小さじ½
  - 万能ねぎ（小口切り）……2本分

作り方

1 豆もやしはひげ根を取り、熱湯でゆでて豆臭さを取る。さっと水で洗ってざるに上げ、しっかり水気を絞る。

2 ボウルに1を入れ、Ⓐを加えて手でよく和える。

大根のナムル

作り方

1 大根はせん切りにする。

2 フライパンにサラダ油を熱し、1を加えて中火でざっと炒め、Ⓐを加えて混ぜる。大根の水分が少なければ、水少量を加えて蓋をし、ときどき混ぜながら弱火で煮つめる。

3 大根が柔らかくなったら、いりごまを加えてすぐに火を止めて混ぜる。

材料（約270g分）

大根……250g

Ⓐ
- にんにく（すりおろし）……小さじ1
- 塩……小さじ1/2
- 牛だしの素（→p.161）……小さじ1/2

サラダ油……大さじ1

いりごま……小さじ1

大根のピリ辛和え

材料（約270g分）

大根……250g

Ⓐ
- 粗びき粉唐辛子……大さじ1 1/3
- 酢……大さじ1
- 砂糖……小さじ1
- にんにく（すりおろし）……小さじ1
- ごま油……小さじ1
- すりごま……小さじ1
- 塩……小さじ1/2
- 万能ねぎ（小口切り）……2本分

作り方

大根は細切りにし、Ⓐを加えて手でよく和える。

石焼きビビンバには肉そぼろをプラス

多めに作っておくと、キムチチャーハン（→p.104）にも使えます。

肉そぼろ

作り方

1 牛ひき肉にⒶをもみ込む。

2 1を鍋に入れて弱火にかけ、汁気がなくなるまで炒める。

材料（作りやすい量）

牛ひき肉……250g

Ⓐ
- しょうゆ……大さじ2
- オリゴ糖……大さじ1
- 酒……大さじ1
- ごま油……大さじ1
- 砂糖……大さじ1/2
- にんにく（すりおろし）……大さじ1/2
- 黒こしょう……適量（やや多め）

ビビンバに牛そぼろを加えて
あつあつに焼いたランチで人気のメニュー。
パチパチとはぜる音が食欲をそそります。

石焼きビビンバ

돌솥비빔밥 ● ドルソッピビムパプ

材料（1人分）

ご飯（温かいもの）……160g
ぜんまいのナムル（→p.24）……20g
もやしのナムル（→p.24）……30g
ほうれん草のナムル（→p.24）……30g
大根のナムル（→p.25）……30g
肉そぼろ（→p.25）……大さじ1
サンチュ（1cm幅に切る）……少量
刻みのり……適量
卵黄……1個
ごま油……大さじ1
コチュジャン……適量

柳さん直伝

おいしく作るコツ

日本人は本当に石焼きビビンバが好きですね。韓国でももちろん食べますが、あまり家庭で作るものではありません。石焼きビビンバはあつあつをいただくので、肉そぼろを入れて少し濃いめの味つけが合います。

1

石焼き用の鍋にご飯を盛り、ナムル4種、肉そぼろ、サンチュを彩りよく盛る。

2

中央に刻みのりをのせ、卵黄をのせて強火にかける。

3

3分ほどたち、パチパチと音がし始めたらごま油を鍋肌にぐるりと回しかけ、3分ほど焼く。コチュジャンを添える。

おいしく食べるために

好みでコチュジャンを加えて、手早くしっかりと混ぜます。おこげはおいしくいただけますが、柔らかいご飯に混ぜ込むと堅さが気になるので、おこげ部分は混ぜすぎないように注意しましょう。

石の器がなければ土鍋でOK

石焼きビビンバには専用の石の器を使います。この石は角閃石（かくせんせき）と呼ばれる韓国特産の石で、耐熱性に優れています。最近は日本でもインターネットなどで気軽に購入できますが、この器がなくても大丈夫。1人分の土鍋を使いましょう。土鍋は空だきが厳禁なので、あらかじめごま油を薄く塗っておくと安心です。おもてなしに大きめの土鍋で作っても喜ばれるでしょう。

春雨と野菜の和えもの

잡채●チャプチェ

もちもちとした韓国春雨とたっぷりの野菜を合わせたヘルシーな一品。野菜は別々に炒めて色鮮やかに。韓国ではお祝いの席に欠かせない料理です。

材料（4人分）

韓国春雨（→p.159）	130g
にんじん	40g
玉ねぎ	$\frac{1}{4}$個
にら	$\frac{1}{2}$束（50g）
長ねぎ	8cm
ピーマン	$\frac{1}{2}$個
赤ピーマン	$\frac{1}{2}$個
しいたけ（大）	1個
きくらげ（乾燥）	3g
しょうゆ	大さじ$\frac{1}{2}$
牛だしの素（→p.161）	小さじ$\frac{1}{2}$
サラダ油	適量
ごま油	少量
塩	適量
黒こしょう	適量
Ⓐ しょうゆ	大さじ$1\frac{1}{2}$
Ⓐ ごま油	大さじ$1\frac{1}{2}$
Ⓐ 砂糖	大さじ$\frac{2}{3}$
Ⓐ にんにく（すりおろし）	小さじ1
Ⓐ 黒こしょう	適量
すりごま	大さじ$\frac{1}{2}$

柳さん直伝 おいしく作るコツ

野菜は同じ堅さのものは一緒に塩のみで炒めます。きのこだけは油と相性がよく、コクを出すためにごま油で炒め、しょうゆで味つけをします。黒こしょうをしっかりきかせると味がしまり、おかずにも、おつまみにも向きますよ。チャプチェは麺料理と同様、長く続くことを願うお祝いごと（誕生日や結婚式など）に必ず作られます。冷蔵庫に入れると堅くなるので、必ず常温に置いて1日で食べきってください。

1

きくらげは水でもどし、石づきを取り除いて食べやすい大きさに切る。

2

にんじんは5cm長さの細切り、玉ねぎとしいたけは3mm厚さに、にらは5cm長さに切り、長ねぎは芯を取って細切り、ピーマンは縦に細切りにする。

3

鍋に湯を沸騰させ、韓国春雨を袋の表示どおりゆで、流水で2〜3回しっかり洗ってざるに上げる。はさみで食べやすい長さに切る。

4

フライパンにサラダ油を熱し、2のにんじんを塩少量をして炒め、少し柔らかくなったら取り出す。

5

同じフライパンにサラダ油をたし、2の玉ねぎとにらをさっと炒め、塩少量をして混ぜて取り出す。

6

同じフライパンにサラダ油をたし、2の長ねぎとピーマンをさっと炒め、塩少量をして混ぜて取り出す。

7

同じフライパンにごま油を熱し、1と2のしいたけを入れてさっと炒め、しょうゆと牛だしの素を加えて炒める。

8

ボウルに3を入れ、Ⓐを加えて手でしっかりからめるように和える。すりごまを加えて混ぜ、4〜7の野菜を加えて混ぜる。塩、黒こしょうで味をととのえ、器に盛る。

ゆで豚肉のサンチュ包み

제육보쌈 ● ジェユクポッサム

ゆで豚を大根キムチやたれとともに野菜で包んでいただきます。ひと口でほおばる韓国流で、口の中でミックスされた味を楽しみます。

材料（4人分）

豚ばらかたまり肉……500g
玉ねぎ……$\frac{1}{3}$個
長ねぎ（青い部分も含む）……$\frac{1}{2}$本
Ⓐ
- にんにく……5片
- 桂皮（→p.159）……2g
- 酒……$\frac{1}{2}$カップ
- しょうゆ……大さじ2
- 韓国みそ（→p.160）……大さじ1
- 粒黒こしょう……小さじ$1\frac{1}{3}$

大根の即席キムチ（左記）……適量
あみの塩辛だれ（→p.69）……適量
みそだれ（→p.69）……適量
サンチュ※・えごまの葉……各5枚
松の実……適量
付け合わせ：サンチュ……適量

※サンチュはサニーレタスでもよい。

1

玉ねぎと長ねぎは適宜切り、大きめの鍋に豚ばらかたまり肉とⒶと水1.5ℓとともに入れて強火にかける。

2

沸騰したら中火にし、ていねいにあくをすくいながら1時間ほどゆでる。肉に菜箸がすっと通るようになったら火を止めてそのまま冷ます。

3

2を7㎜幅に切る。細い部分は斜めに切って、断面積を広くとる。器にサンチュを敷き、大根の即席キムチをのせて松の実をふり、ゆで豚を盛る。サンチュとえごまの葉、あみの塩辛だれとみそだれを添える。

柳さん直伝
おいしく作るコツ

日本では「ポッサム」の名で知られていますね。ポッサムは包むという意味。韓国ではいろんなもので包んでひと口で食べる習慣があります。たれはあみの塩辛だれとみそだれの2種準備します。あみの塩辛は豚が食べると死んでしまうといわれていて、それほど豚肉と相性がよく、それがおいしさにつながるとされています。

大根の即席キムチ

作り方

❶大根は、砂糖と塩を混ぜて10分ほどおく。

❷❶はコリコリとした食感にするため、しっかり水気を絞り、粗びき粉唐辛子を混ぜて色がつくまで10分ほどおく。

❸Ⓐを合わせて混ぜ、❷に加えて手で軽くもみ込み、せりとなしを加えて混ぜる。

材料（作りやすい量）

大根（5㎝長さの細切り）……300g
砂糖……小さじ1
塩……小さじ$\frac{1}{2}$
なし（5㎝長さの細切り）※……80g
せり（5㎝長さに切る）……20g
粗びき粉唐辛子……大さじ$2\frac{1}{2}$
Ⓐ
- あみの塩辛（→p.158）……大さじ1
- いわしエキス（→p.161）……大さじ1
- にんにく（すりおろし）……大さじ1
- オリゴ糖……大さじ1

※なしがなければ皮つきのりんごでも可。

おいしく食べるために

サンチュやえごまの葉のほかに、白菜の塩漬け（→p.92）で包んでも。口中で白菜の塩気とゆで豚がミックスされて美味。

豚肉とキムチはご飯がすすむ黄金コンビ。野菜を一緒に炒め、温かい豆腐を添えた栄養バランスのよいおかずです。

豚肉のキムチ炒め豆腐添え

돼지고기김치볶음

●テジコギキムチポックム

材料（2人分）

豚ばら薄切り肉		70g
Ⓐ	酒	大さじ1
	にんにく（すりおろし）	大さじ1/2
	すりごま	小さじ1
	しょうが（すりおろし）	小さじ1/2
	黒こしょう	少量
豆腐（木綿）		1/2丁
白菜キムチ		170g
玉ねぎ		1/4個
長ねぎ（青い部分を含む）		1/4本
生唐辛子（青）		1本
砂糖		大さじ1/2
サラダ油		大さじ1
いりごま		適量
万能しょうゆだれ（→p.68）		適量
付け合わせ：サンチュ		適量

1

白菜キムチは絞らずに粗く刻む。玉ねぎは縦7mm厚さに、長ねぎは縦半分に切る。生唐辛子は種つきで斜め薄切りにする。豚ばら薄切り肉は6cm幅に切る。

2

ボウルに1の豚ばら肉を入れ、Ⓐを加えてからめ、20分ほどおく。

3

豆腐は水からゆで、中まで温める。ざるに上げて水気をきる。ペーパータオルで包んで水気を取る。

4

フライパンにサラダ油を熱し、2をほぐしながら強火で炒める。肉の色が変わったら、1の白菜キムチを汁ごと加え、ざっと炒め混ぜる。

5

1の玉ねぎと長ねぎ、砂糖を加え、野菜がしんなりするまで混ぜながら炒める。1の生唐辛子を加えて炒め合わせる。

6

全体が混ざったら、器にサンチュを敷いて盛り、いりごまをふる。3の豆腐を1cm厚さに切って添え、万能しょうゆだれをかける。

柳さん直伝

おいしく作るコツ

最近は日本でも定番のおかず〝豚キムチ〟。韓国の家庭でもよく作ります。豆腐を添えるのはお店スタイルですが、口中をすっきりさせてくれて豚キムチもすすみます。万能しょうゆだれをかけた温やっこはいくらでも食べられるほどクセになる味ですよ。水っぽくならないように、豆腐の水きりはしっかりしましょう。

プルコギ

불고기 ● プルコギ

日本でも人気の韓国焼き肉。あらかじめ肉にたれをもみ込んでおき、さっと焼くだけ。サンチュで包んで食べるのも楽しいですよ。

材料（4～5人分）

牛もも薄切り肉……500g
肉のもみだれ
- しょうゆ……大さじ4
- 酒……大さじ2
- ごま油……大さじ2
- オリゴ糖……大さじ2
- 砂糖……大さじ1
- にんにく（すりおろし）……大さじ1
- いりごま……小さじ1
- こしょう……適量（多め）

玉ねぎ……1/3個
長ねぎ……60g
サンチュ……適量
みそだれ（→p.69）……適量

肉のもみだれ

牛肉以外にも、豚肉や鶏肉、肉そぼろの味つけにも使えて便利。豚肉、鶏肉にはしょうがをプラスすると脂っぽさや臭みが気にならない。3か月はもつが、風味がなくなるので、使うときにごま油とにんにくをたしたほうがよい。

1

牛もも肉は、食べやすい大きさに手でちぎりながらボウルに入れる。もみだれの材料を合わせて加える。

2

玉ねぎは3㎜厚さに切り、長ねぎは斜め薄切りにし、**1**に加えて手でもみ込む。

3

冷蔵庫に30分ほど（長くても1時間まで）おいて味をしみ込ませる。

4

焼き肉用の鍋かホットプレートに**3**を広げ、強火にかける。サンチュとみそだれを添え、焼きながらいただく。

おいしく食べるために

サンチュに、みそだれと肉をのせ、ひと口サイズにきゅっと包みます。少し大きくなっても必ずひと口で食べて、口の中で味をミックスさせるのが韓国式。

柳さん直伝

おいしく作るコツ

肉にたれをもみ込んだら、長時間そのままにしてはいけません。水気が出て旨みが抜けたり、たれがしみ込みすぎて肉が堅くなります。プルコギの鍋は中央が盛り上がっていて、肉汁がまわりに流れ落ちるようになっています。その旨みの詰まった肉汁に堅めにもどした春雨を浸して柔らかくして食べるのもおすすめ。キャベツやにんじん、赤ピーマンなどを一緒に焼いてもいいですよ。ホットプレートやフライパンでもできますよ。

ひな鶏に詰めものをして、
じっくり煮込んだ滋味深いスープ。
ひと口飲むと、体にすーっとしみて元気になります。
岩塩を加えると、旨みアップ。

サムゲタン

삼계탕 ● サムゲタン

材料（1人分）

ひな鶏[※1]……1羽（内臓を出して500～600g）
もち米[※2]……大さじ2～3
朝鮮にんじん（1年もの。10g）……2本
にんにく……2片
なつめ（→p.159）……2個
栗（生）……1個
万能ねぎ（小口切り）……適量
岩塩……適量

※1　韓国食材を扱うスーパーやネットで冷凍ものが購入できる。または精肉店で注文する。
※2　鶏によって入る量が変わるので、多めに準備する。余ったら、一緒に煮てもよい。

柳さん直伝

おいしく作るコツ

韓国では普段からサムゲタンを食べますが、特に夏バテを防ぐために食べる習慣があります。鶏のさまざまな部位に違った栄養があるため、1人で1羽食べるんですよ。味つけは一切しませんが、食べるときに岩塩をふると、まるで味が変わったかのように、ぐっと旨みが増します。手羽の先端はあまり体によくないといわれています。口にしたとき刺さらないためにも切り落としましょう。

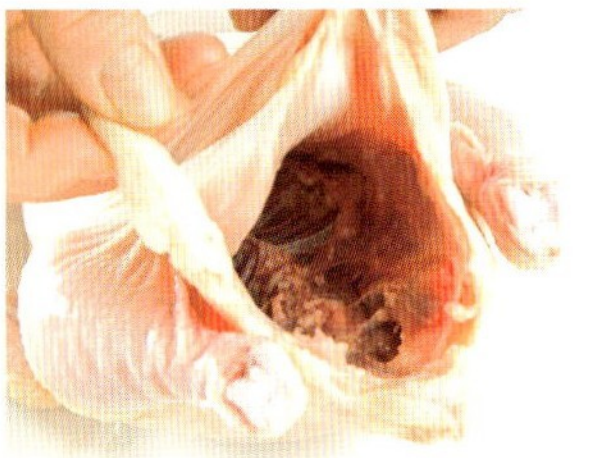

1

もち米は洗って30分ほど水につけておく。ひな鶏は腹の内側をきれいに洗い、骨についた血のかたまりなどがあれば、取り除く。

2

ひな鶏に1のもち米を半量詰め、にんにく、なつめ、栗を詰める。

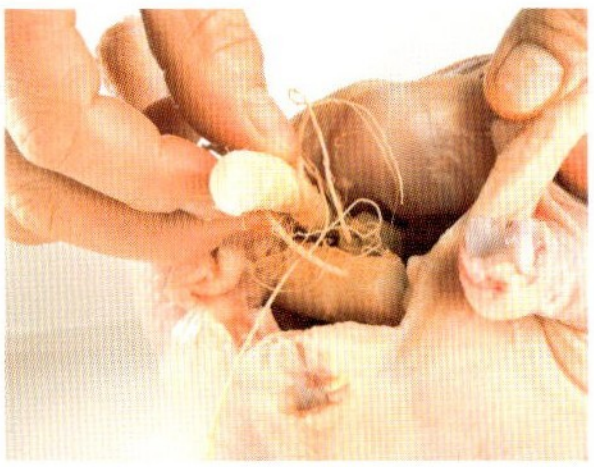

3

朝鮮にんじんは入れやすいように適宜折って詰める。残りのもち米を詰める。もち米はふくらむので、ぎりぎりまで詰めないこと。

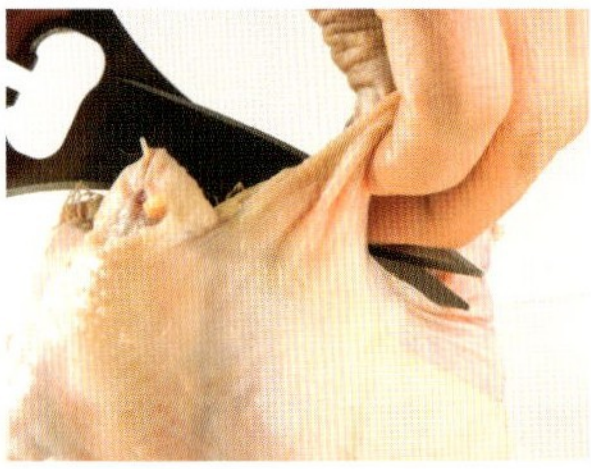

4

鶏の片足のつけ根にはさみで小さめの穴をあける。

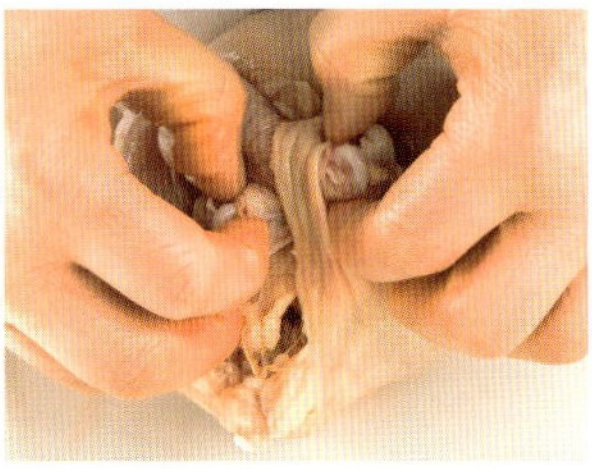

5

両足をクロスさせて、片足を穴に内側から入れて留める。

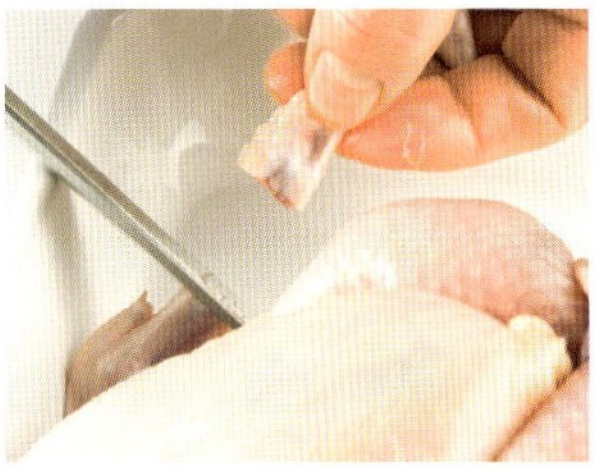

6

手羽の先端をはさみで切り落とす。

◀次ページに続く

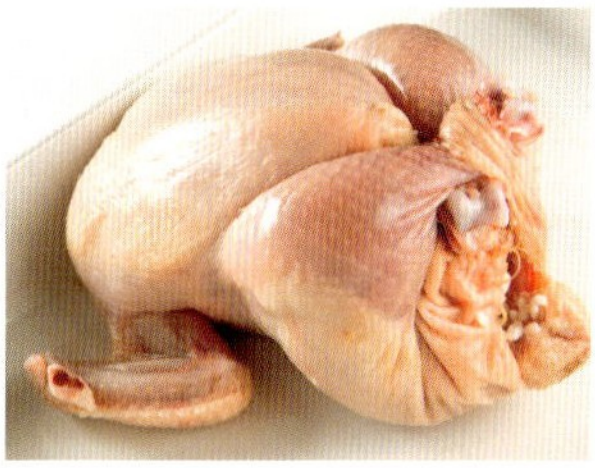

7

きちんと留めておけば、火にかけている間に中身が出てこない。

8

土鍋に7と水1.5ℓを入れ、強火にかける。沸騰したら中火にする。

9

あくが出たら取り除き、蓋をして微沸騰を保ちながら、水をたさずに1時間ほど煮る。岩塩と万能ねぎを添える。

おいしく食べるために

ミネラルたっぷりの岩塩と万能ねぎを添え、好みの量を入れていただきます。サムゲタンなどスープには大根キムチ（→p.97）がよく添えられます。鶏は食卓でおなかを横半分にはさみで切って食べましょう。

詰めものも食べるの？

ぜひ食べてください。鶏をまるごとじっくり煮込んだスープはもちろん、朝鮮にんじんやにんにく、なつめなども滋養強壮によいので残さず食べましょう。陰陽五行説に基づいた三伏（さんぷく）と呼ばれる日が、7月中旬から8月上旬にかけて3日あり、韓国ではこの日にサムゲタンを食べる習慣があります。ちょうど日本の土用の丑のうなぎと同じく、夏の暑さを乗り切る体力をつけるため。三伏にはサムゲタン専門店に貼り紙がされ、長蛇の列になることもあるそうです。

ご飯がすすむ

ピリ辛おかず

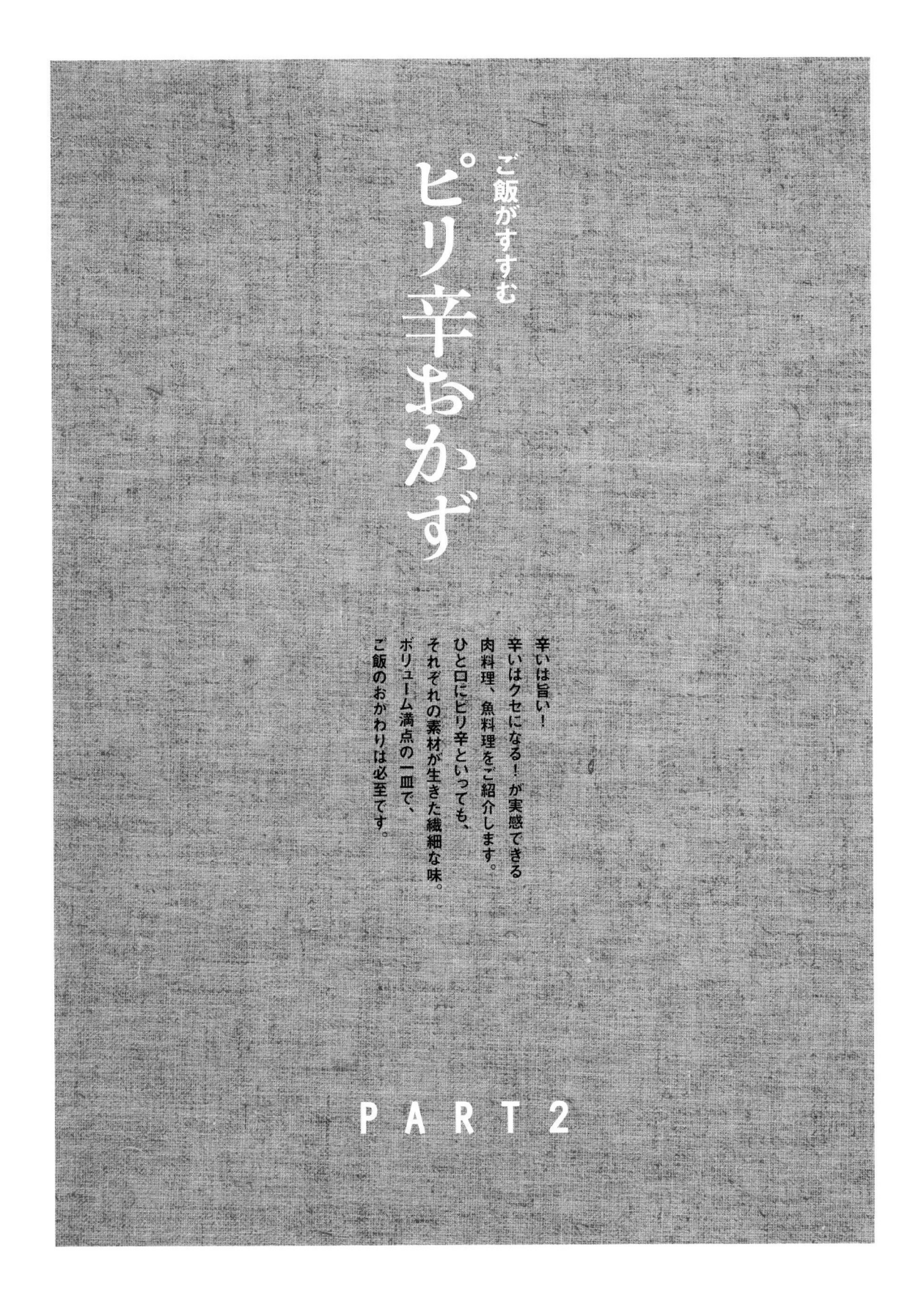

辛いは旨い！
辛いはクセになる！が実感できる
肉料理、魚料理をご紹介します。
ひと口にピリ辛といっても、
それぞれの素材が生きた繊細な味。
ボリューム満点の一皿で、
ご飯のおかわりは必至です。

PART 2

肉料理 고기《コギ》

豚ばら肉の焼き肉

삼겹살●サムギョプサル

三枚肉と呼ばれる豚ばら肉を焼いてみそだれとともに、野菜で包んでいただく定番の肉料理。ひと口でいただき、口中でミックスするのが韓国流。

材料（2人分）

豚ばら薄切り肉……………………………230g
にんにく（5mm厚さに切る）………………3片分
みそだれ（→p.69）………………………………適量
サンチュ・えごまの葉………………………各適量

1

専用の鍋（なければホットプレートやフライパンでもよい）を強火にかけ、豚ばら薄切り肉を広げて並べる。広げにくいところははさみで切って広げる。

2

にんにくは鍋の中央と肉の上に散らす。サンチュとえごまの葉は器に盛る。みそだれを添える。

3

肉の両面をこんがり焼き色がつくまで焼く。大きいものははさみで切る。

柳さん直伝

おいしく作るコツ

韓国には葉もの野菜などで包んで食べる料理が多く、この料理もそのひとつ。日本でも「サムギョプサル」として知られています。すべての素材を一緒に口にすることで複雑な味が生まれ、おいしさが倍増します。大きな口を開けてほおばるので、お嫁さんは義理の両親の前で食べられないといわれるほど（笑）。口に入れるとき、ちょっと横を向いてパクッと食べると、そんなに見苦しくないですよ。

おいしく食べるために

野菜で肉を包み、口を大きく開けてひと口で食べましょう。

❷小さく包んで包み終わりをつまみ、ひと口で食べる。

❶サンチュとえごまの葉を重ね、中央に焼いた豚肉をのせ、にんにくとみそだれをのせる。

揚げ鶏の甘辛和え

닭강정●タッカンジョン

パリッと揚げた鶏肉に、ケチャップ風味のたれをからめるのが韓国風。子どもから大人までみんな大好きなおかずです。

材料（2人分）

- 鶏もも肉……1枚（200g）
- Ⓐ
  - 酒……大さじ1
  - 塩……ひとつまみ
  - こしょう……適量
- 薄力粉……大さじ3〜4
- 卵……1個
- 揚げ油（サラダ油）……適量
- Ⓑ
  - ケチャップ……大さじ2
  - コチュジャン……大さじ1
  - 韓国水あめ（→p.161）……大さじ1
  - 酢……大さじ1
  - しょうゆ……大さじ$\frac{1}{2}$
  - 砂糖……大さじ$\frac{1}{2}$
  - にんにく（すりおろし）……小さじ1
- ピーナッツ※（砕く）……大さじ1

※塩味のついたものでも可。

柳さん直伝

おいしく作るコツ

パリパリに揚げるコツは二度揚げすること。一度目に揚げたあとしっかり冷ましておくと、よりパリッとします。ケチャップとコチュジャンの甘辛いたれは、子どもが大好きな味。ピリッとして豚かつやハンバーグ、ソーセージなどのソースにしてもおいしいですよ。お店ではおつまみとしても大好評です。

1

鶏もも肉は一口大より小さめに切り、Ⓐを加えて手でもみ込む。

2

薄力粉を加え、鶏肉にまぶす。卵を加えてしっかり混ぜる。

3

Ⓑに水大さじ1を加えてよく混ぜる。

4

揚げ油を180℃（菜箸を入れてぽこぽこと泡が出てくる状態）に熱する。2を入れて揚げる。

5

白っぽくなったら網の上に取り出して油をきり、しっかり冷ます。

6

もう一度180℃の揚げ油で、こんがりと色がつくまで揚げる。

7

6が温かいうちに、3をからめる。

8

ピーナッツは飾り用に少量残して加え、混ぜる。器に盛り、残りのピーナッツをふる。

鶏肉のスパイシー炒め

닭갈비 ● タッカルビ

カレー粉入りのたれをもみ込んだ鶏肉や野菜を鍋に入れて火にかけるだけの簡単おかず。最後にご飯を入れるのもお楽しみです。

材料（4人分）

鶏もも肉		350g
A	粗びき粉唐辛子	大さじ2
	みりん	大さじ2
	韓国水あめ（→p.161）	大さじ2
	しょうゆ	大さじ1½
	コチュジャン	大さじ1
	砂糖	大さじ1
	カレー粉	大さじ1
	いりごま	大さじ1
	韓国みそ（→p.160）	大さじ½
韓国春雨（→p.159）		40g
韓国もち（→p.159）		8個
さつまいも（1cm幅の輪切り）		110g
キャベツ（ざく切り）		120g
玉ねぎ（5mm幅に切る）		¼個分
長ねぎ（斜め切り）		½本分
生唐辛子（赤・青。種を取って斜め薄切り）		各1本分
えごまの葉（1cm幅に切る）		10枚分
ごま油		大さじ2

1

Aを合わせて混ぜる。韓国春雨はぬるま湯に30分ほどつけてもどす。

2

鶏もも肉は一口大に切ってボウルに入れ、1のAを大さじ1ほど残して加え、しっかりからめる。残したAに韓国もちを加えてからめる。

3

浅めの鍋のまわりに、さつまいも、キャベツ、2の韓国もちを並べ、中央に2の鶏肉をのせる。

4

玉ねぎ、長ねぎ、生唐辛子をのせ、1の韓国春雨の水気をきってのせ、水½カップを加えて中火にかける。

5

沸いてきたら、底のほうから返すようにざっくり混ぜ合わせる。全体が混ざったら、ごま油を回し入れて鶏肉に火が通るまで軽く混ぜながら炒める。

6

えごまの葉を加えてざっくり混ぜ合わせてそのまま食卓へ。

食べ終わったらご飯をプラス

鶏肉や野菜から出た旨みが凝縮した煮汁が残ったら、ご飯を入れてよく混ぜましょう。ひと粒ひと粒に旨みがからんでおいしくいただけます。ナムルがあれば一緒に混ぜても美味。

柳さん直伝

おいしく作るコツ

材料がたくさんあって準備が大変だと思うかもしれませんが、ひとつのお鍋にどんどん入れていくだけ。とても簡単です。少ない水で野菜の水分を引き出しながら炒めていきます。さつまいもの代わりに、じゃがいもやかぼちゃでもおいしいですよ。

鶏手羽先のコチュジャン焼き

닭날개조림●タッナルゲジョリム

鶏はあらかじめ中まで火が通っているので、火の通りを気にせず作れます。ピリ辛だれをからめて焼いた簡単焼き鶏は、おつまみにも。

材料（2人分）

鶏手羽先……8個

Ⓐ
- 玉ねぎ（すりおろし）……大さじ2
- みりん……大さじ2
- しょうゆ……大さじ1½
- ごま油……大さじ1½
- コチュジャン……大さじ1½
- 酒……大さじ1
- 粗びき粉唐辛子……大さじ1
- 砂糖……大さじ1
- にんにく（すりおろし）……小さじ1
- しょうが（すりおろし）……小さじ1
- こしょう……少量

付け合わせ：サンチュ……適量

1

鶏手羽先は水でよく洗い、鍋に入れて水をひたひたに加え、蓋をして強火にかける。

2

Ⓐを合わせ、よく混ぜる。

3

1が沸騰したら、ざるに上げて湯をきり、ボウルに入れて温かいうちに2をからめる。

4

フライパンに3を並べ、ボウルに残ったⒶもゴムべらでぬぐってすべて加えて強火にかける。

5

途中返して、しっかり煮つめる。汁気が少なくなってつやが出て、香ばしい香りがしたら器にサンチュを敷いて盛り、フライパンに残った煮汁をかける。

柳さん直伝

おいしく作るコツ

焼く前の2つの手間がおいしくするポイントです。ひとつは鶏手羽先はゆでこぼしておくこと。余計な脂や臭みが取れてすっきりした味になります。さらに温かいうちに、ヤンニョンをからめること。味がしみやすく、時間をおかなくても焼き始められます。焼き終わりはしっかり煮つめてつやを出しましょう。

牛ひき肉のえごま巻き

소고기 깻잎전●ソコギケンニプジョン

餃子のように肉だねを包み、卵にくぐらせて焼いたジョン。えごまの葉の個性的な苦みが爽やかなアクセントになって、肉の旨みを引き立てます。

材料（約12個分）

- えごまの葉……12枚
- 薄力粉……適量
- ひき肉だね
  - 牛ひき肉……150g
  - Ⓐ
    - 酒……小さじ1
    - 塩……小さじ1/2
    - にんにく（すりおろし）……小さじ1/2
    - こしょう……少量
  - 玉ねぎ……1/8個
  - にら……2本
  - 長ねぎ……10g
  - にんじん……1/10本
- とき卵……1個分
- サラダ油……適量
- 万能しょうゆだれ（→p.68）……適量

柳さん直伝

おいしく作るコツ

粉をつけて卵ごろもをからめて焼くので、これもジョンの一種。ひき肉と野菜は合わせて混ぜますが、にらはもむと臭みが出ます。最後に軽く混ぜ合わせましょう。ひき肉だねは平らに薄くすることで、均一に火が通ります。さらに軽く押さえると、早く火が通りますよ。焦げやすいので、火加減に注意。

1

ひき肉だねを作る。野菜はすべてみじん切りにする。

2

ボウルに牛ひき肉を入れ、Ⓐを加えて手でまんべんなく混ぜる。1のにら以外の野菜を加えて混ぜ、よく混ざったらにらを加えて軽く混ぜ合わせる。

3

えごまの葉の表面に薄力粉をつけ、2のひき肉だねをえごまの葉で包めるほどの量をのせる。

4

半分にたたんで、薄く平らにならす。

5

両面に薄力粉をつけ、とき卵にくぐらせる。

6

フライパンにサラダ油大さじ1を熱し、5を入れ、弱めの中火でこんがり焼き色がついたら返す。途中でサラダ油をたし、ときどきフライ返しで軽く押さえて中まで火を通す。器に盛り、万能しょうゆだれを添える。

鶏もも肉のしょうゆ煮

닭찜 ● タッチム

日本の照り焼きのような味わい。骨つきの肉をじっくり煮るので、旨みたっぷりです。皮から出た脂でつやつやの表面はこってり味がからんでいますが、身は薄味。

材料（4人分）

鶏もも骨つき肉……4枚

Ⓐ
- しょうゆ……大さじ4
- 韓国水あめ（→p.161）……大さじ3
- 酒……大さじ2
- 砂糖……大さじ1
- にんにく（すりおろし）……大さじ1
- しょうがの絞り汁……大さじ1

柳さん直伝

おいしく作るコツ

煮るときに、あくと一緒に浮いている脂もしっかり取り除きましょう。それから味つけのヤンニョンを加えることで、脂っぽくならずに鶏の旨みを存分に味わえます。冷めてもおいしいので、ほぐして煮汁をからめてお弁当に入れてもいいですね。煮汁は鶏の旨みとヤンニョンのおいしいソース。残ったら、ご飯やナムルをごま油で炒めてから加えてさらに炒め、刻みのりをかけるとおいしいですよ。

1

鶏もも骨つき肉は洗って水につけ、3回ほど水を替えながら約1時間血抜きする。深めのフライパンか鍋に水3カップと鶏肉を入れ、強火にかけて沸騰させる。

2

中火にし、20～30分煮る。途中出てきたあくや脂をていねいに取り除く。

3

Ⓐは合わせてよく混ぜる。

4

鶏肉に火が入ってふっくらしてきたら、3を加える。

5

煮汁が沸き立つ状態で20～30分、途中ひっくり返しながら煮つめていく。

6

煮汁が少なくなったら、上からかけながらつやが出るまで煮て器に盛る。

牛すね肉の煮もの

소고기찜 ● ソコギチム

特別な調味料を使わず、しょうゆでこっくり煮た牛すね肉。日本人にもおなじみのしょうゆ味に、ホッとする煮ものです。

材料（4人分）

牛すねかたまり肉		500g
干ししいたけ		3枚
栗（生）		4個
なつめ（→p.159）		4個
ぎんなん（水煮）		8個
松の実		小さじ1
Ⓐ	しょうゆ	大さじ1½
	砂糖	大さじ1
	なし※（すりおろし）	大さじ3（35g）
	はちみつ	大さじ½
	ごま油	大さじ½
	にんにく（すりおろし）	大さじ½
	しょうが（すりおろし）	小さじ1
	こしょう	少量
長ねぎ（小口切り）		大さじ1強
すりごま		大さじ½

※洋なしや缶詰でもよい。

柳さん直伝

おいしく作るコツ

ていねいに血抜きをし、あくや脂をきちんと取るひと手間がおいしくて上品な料理に仕上げるポイント。ヤンニョンをしみ込ませるようにじっくり煮るとすっきりとした味わいになります。甘みと香りづけのなつめは、こっくりとした肉の煮ものと相性がよいだけでなく、血液をきれいにするといわれ、肌にもよいので女性にはうれしい食材ですね。なしは肉を柔らかくするので、韓国の肉料理にはよく使われます。

1

牛すね肉はたっぷりの水につけ、水が濁ったら水を3回ほど替えながら約1時間血抜きする。干ししいたけは水に浸してもどす。

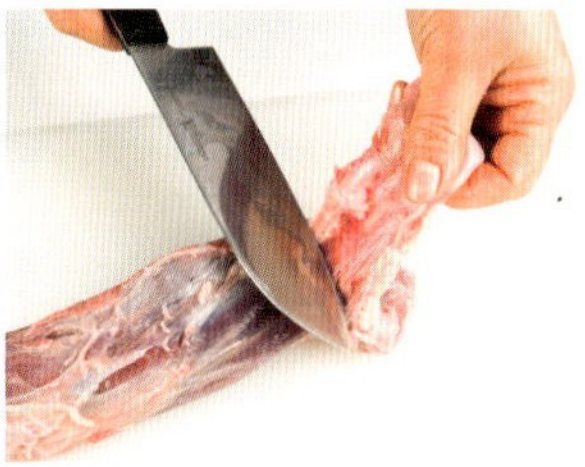

2

1の牛肉は余分な脂を取り除き、3cm角に切る。しいたけは水気を拭き、石づきを取って半分に切る。

3

なつめは両端を薄く切り落とし、種のまわりをむくようにして種を取り除く。端から巻いて元の形にする。栗は半分に切る。

4

Ⓐは合わせて混ぜ、砂糖を溶かす。

5

深めのフライパンか鍋に水4½カップと2の牛肉を入れて強火にかけ、沸騰したら中火にしてあくと脂をていねいに取りながら40分ほど煮る。

6

4の⅔量と2のしいたけを加え、20分ほど煮る。

7

3の栗を加えて10分ほど煮て、3のなつめ、ぎんなん、松の実と残りの4を加える。混ぜながら汁気が少なくなるまで煮て、肉に煮汁がしみ込むようにする。

8

水分がほとんどなくなったら、長ねぎを加えてざっと混ぜ、火を止めてすりごまをふり入れ、ひと混ぜする。器に盛る。

じっくり煮込んだ骨つきカルビ肉はご馳走感たっぷり。肉の旨みが野菜にしっかりしみた絶品煮ものはお客さまにも喜ばれます。

骨つきカルビ肉と大根の煮もの

소갈비찜 ● ソガルビチム

材料（4人分）

	牛骨つきカルビ肉（8cm幅のもの）※1	600g
	大根	150g
	にんじん	$\frac{1}{2}$本
	しいたけ（大）	3個
	栗（生）	4個
	なつめ（→p.159）	4個
	ぎんなん（水煮）	4個
Ⓐ	なし※2（すりおろし）	130g
Ⓐ	しょうゆ	大さじ3
Ⓐ	オリゴ糖	大さじ2
Ⓐ	砂糖	大さじ$1\frac{1}{2}$
Ⓐ	酒	大さじ1
Ⓐ	すりごま	大さじ1
Ⓐ	ごま油	大さじ1
Ⓐ	にんにく（すりおろし）	大さじ$\frac{1}{2}$
Ⓐ	はちみつ	大さじ$\frac{1}{2}$
Ⓐ	黒こしょう	少量
	ごま油	大さじ$\frac{1}{2}$

※1　精肉店で8cm幅に切ってもらう。
※2　なければ洋なしや缶詰でもよい。

1

牛骨つきカルビ肉は洗って水につけて、水を3回ほど替えながら約1時間血抜きする。Ⓐを合わせてよく混ぜる。

2

鍋にたっぷりの水と1の牛肉を入れ、強火にかける。沸騰したらざるで湯をきり、ボウルに入れる。熱いうちに1で合わせたⒶの$\frac{1}{3}$量をからめて20分ほどおく。

3

大根は3cm幅の輪切りにして4～6等分にし、にんじんは4cm長さに切って4等分し、どちらも面取りする。しいたけは4等分に、栗は半分に切る。なつめは種を取る（→p.52）。

4

深めのフライパンか鍋に2と水6カップを入れて強火で10分、中火で30分ほど煮る。

5

3とぎんなんを加え15分ほど煮て、残りのⒶを加える。

6

全体に煮汁がしみ込むように混ぜながら、煮汁がなくなるまで煮る。火を止めてごま油を回しかけ、ざっくりと混ぜ合わせて食卓用の鍋に盛る。

柳さん直伝

おいしく作るコツ

骨つきのかたまり肉をおいしく料理するときは、きちんと下処理をすること、柔らかく煮ることの2点が大切です。臭みを取り除いておくと、野菜にも肉の旨みだけがしみます。また肉になしをからめておくと、長時間煮込んでも堅くならないんですよ。韓国では煮ものを保温用の鍋にひと盛りにして、蓋をしてテーブルに出す習慣があります。大人数のときは冷めにくいので、特におすすめですよ。

蒸し餃子

만두 ● マンドゥ

豆腐入りの肉だねを包んでふっくら蒸した餃子は、旨みが詰まった肉汁がたっぷり。流れ出ないようにひと口でいただきます。

材料（約20個分）

餃子のたね

- ひき肉だね（→p.48）……………… 全量
- 豆腐（木綿）……………… 1/4丁（100g）
- 白菜キムチ（汁気を絞る）………… 80g
- もやし ………………………………… 50g

餃子の皮（長径9cm）…………………20枚

酢じょうゆだれ（酢・しょうゆ）※……… 適量

万能しょうゆだれ（→p.68）………… 適量

※好みの割合で混ぜる。

柳さん直伝

おいしく作るコツ

餃子は韓国では「マンドゥ(饅頭)」と呼び、その歴史は大変古く、宮廷の宴会ではさまざまな具材を包んだマンドゥが幾種類も作られていたそうです。そしてお正月にも必ずスープにマンドゥを入れて食べたようです。なぜなら、さまざまなものが包み込まれたマンドゥは福袋と同じ意味を持ち、福を食べることになるからとか。包み方は一見難しく見えますが、意外と簡単。この形ならひと口で食べやすく、肉汁もこぼれませんよ。蒸すと思った以上にふくらむので、間隔をおいて並べましょう。

1

豆腐は湯通しし、ペーパータオルで包んでしっかり水きりをする。白菜キムチともやしはみじん切りにする。

2

餃子のたねは48ページのひき肉だねと同様に作る。作り方2で1を加えてしっかり混ぜる。

3

餃子の皮の中央にたねをのせ、皮の縁に水をつけて半分にたたむ。

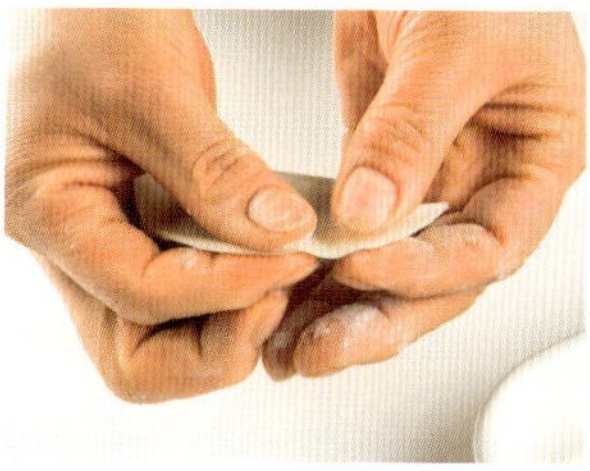

4

開かないように縁を軽く押さえる。

5

両手で餃子を親指と人差し指ではさみ、立てるように持つ。餃子の両端を向こうに持っていき、重ねる。

6

皮と皮の合わせ目に水をつけて留める。

7

蒸し器にクッキングシートをぬらして敷き、6を間隔をあけて並べて強火にかけ、ふきんをかぶせた蓋をする。蒸気が上がって8分、皮に透明感が出たら蒸し上がり。器に盛り、たれ2種を添える。

魚料理 생선 センソン

脂ののったさんまをみその入ったピリ辛だれで煮たボリューム感のあるおかずです。
コクのあるたれと青背の魚は相性抜群で、ご飯がすすみます。

さんまとじゃがいものコチュジャン煮

꽁치감자조림●コンチカムジャジョリム

材料（4人分）

- さんま……4尾
- じゃがいも（大）……2個
- 長ねぎ（青い部分も含む）……$\frac{1}{3}$本
- 生唐辛子（赤・青）……各1本
- Ⓐ
  - 粗びき粉唐辛子……大さじ3
  - しょうゆ……大さじ$2\frac{1}{2}$
  - 酒……大さじ2
  - コチュジャン……大さじ2
  - オリゴ糖……大さじ1
  - にんにく（すりおろし）……大さじ1
  - 韓国みそ（→p.160）……大さじ1弱
  - しょうが（すりおろし）……小さじ1

柳さん直伝

おいしく作るコツ

みそは魚の生臭さを消すので、青背の魚によく使います。煮ている間にヤンニョンが鍋の中でしっかり、まんべんなく回るように、魚と魚の間にもはさむように加え、水を注ぐときはヤンニョンが流れ落ちないように、鍋肌からそっと加えましょう。生唐辛子やねぎは彩りよく仕上げたいので、最後に加え、煮汁をかけながら風味だけ移します。じゃがいもはさっと洗ってから使うと、粘りが出ずに焦げにくいですよ。

1

さんまは頭と内臓と取り除き、斜め3等分に切る。流水でよく洗って水気を拭く。じゃがいもは1cm幅の半月かいちょう切りにしてさっと洗う。

2

長ねぎ、生唐辛子は斜め切りにする。

3

Ⓐは合わせてよく混ぜる。

4

鍋にじゃがいもを入れ、**3**を大さじ2加えてからめる。

5

1のさんまを並べ、上に残りの**3**をのせる。重なるところは、間にも入れる。

6

3のボウルに水$1\frac{1}{2}$カップを入れ、ボウルについた調味料をゴムべらでぬぐい、鍋肌から加える。

7

蓋をして強火にかけ、10分ほどしたら蓋を取って中火にし、15分ほど煮込む。

8

弱火にして**2**を加え、煮汁をかけながら約5分汁気が少なくなるまで煮る。器に盛る。

いしもちのフライパン煮

조기조림●チョギジョリム

あっさりした白身が上品な味わいのいしもちは韓国でも高級魚。魚に合うピリ辛だれをしっかりしみ込ませて、贅沢にいただきます。

材料（2人分）

いしもち※……………………2尾

Ⓐ
- しょうゆ……………大さじ2
- 粗びき粉唐辛子… 大さじ$1\frac{1}{2}$
- 酒……………………大さじ1
- ごま油………………大さじ1
- オリゴ糖……………大さじ1
- コチュジャン………大さじ$\frac{1}{2}$
- にんにく（すりおろし）……………………大さじ$\frac{1}{2}$
- 長ねぎ（小口切り）‥大さじ3

飾り用：パセリ……………… 適量

※内臓を出してうろこをひいたもの。鮮魚店で処理してもらうとよい。

1 いしもちは、洗って水気を拭く。胸びれと尾先を切り落とし、身の両側に3か所ほど切り目を入れる。

2 Ⓐはボウルに入れてよく混ぜる。

3 フライパンに2を大さじ2敷き、1を並べ、残りの2をまんべんなくかける。

4 2のボウルに水$\frac{1}{2}$カップを加え、調味料をゴムべらでぬぐって3のフライパンの縁から流し入れる。蓋をして強火にかけて5分ほど煮る。

5 弱火にし、蓋を取って煮汁をしっかりかけながら約5分煮て、再び蓋をして煮汁が煮つまるまで約5分煮る。器に盛ってパセリを添える。

柳さん直伝

おいしく作るコツ

いしもちを一尾まるごと煮るのには、フライパンが便利。ヤンニョン少量をフライパンに敷き、その上にいしもちを並べると焦げにくく、下からも味がしみます。切り目を入れるのは、姿の美しさと、味をしみ込みやすくするため。魚が見えないほど、しっかり煮汁をかけながら煮るとよくしみます。最後に蓋をするのもコツ。蒸気が回ってより味がしみ込みますよ。

さわらのフライパン焼き

삼치 팬구이●サムチペングイ

韓国の焼き魚は
フライパンで焼くのが一般的。
薄く粉をつけて
カリッと香ばしく焼き上げます。

材料（4人分）

さわら（切り身）……………4切れ
塩…………………………ひとつまみ
薄力粉………………………適量
サラダ油……………………大さじ2

1 さわらは洗って水気を拭き、塩をふって20分ほどおき、余分な水気を拭く。

2 全面に薄力粉をまぶし、よくはたいて薄くつける。

3 フライパンにサラダ油を熱し、強火で焼き始める。こんがり焼き色がついたら裏返し、ときどきフライ返しで押さえて表面をカリッと焼き、中火にして中まで火が通るまで焼く。器に盛る。

柳さん直伝

おいしく作るコツ

韓国では焼き魚というと、粉をまぶしてフライパンで焼きます。カリッと焼き上げるために、粉は薄くつけましょう。ときどきフライ返しで押さえて、こんがりと焼き色をつけるとおいしそうに見えますよ。

白菜キムチで包んで、旨みを逃がさず煮込んださばは、思いのほかあっさり味。野菜にも、キムチとさばの旨みがたっぷりしみておいしくなります。

さばのキムチ包み煮

고등어김치조림

●コドゥンオキムチジョリム

材料（4〜5人分）

- さば……1尾（約600g）
- 白菜キムチ（大きな葉のもの）……6枚（約600g）
- 大根……200g
- 玉ねぎ（大）……½個
- 長ねぎ（青い部分を含む）……½本
- Ⓐ
  - しょうゆ……大さじ2
  - みりん……大さじ2
  - 粗びき粉唐辛子……大さじ2
  - 砂糖……大さじ1
  - にんにく（すりおろし）……大さじ1

柳さん直伝

おいしく作るコツ

葉の大きな白菜キムチが手に入ったら、この料理がおすすめです。包まずに煮ただけとはひと味違います。さばに直接ヤンニョンがかからないため辛みが控えめで、さば本来の旨みが際立ちます。野菜やキムチの旨みがしみたヤンニョンをかけながら煮ると、ますますおいしくなりますよ。食べるときは、キムチを開いて骨をはずしながらいただきます。

1

さばは6つに筒切りにし、内臓を取り、流水できれいに洗ってざるに上げる。

2

大根は8㎜幅の半月切りに、玉ねぎは7㎜幅に切る。長ねぎは7㎜幅の斜め切りにする。

3

Ⓐは合わせてよく混ぜる。

4

白菜キムチを1枚広げ、軸の分厚い部分には折れないように切り目を入れる。中央に**1**を1切れ置き、両脇から包む。

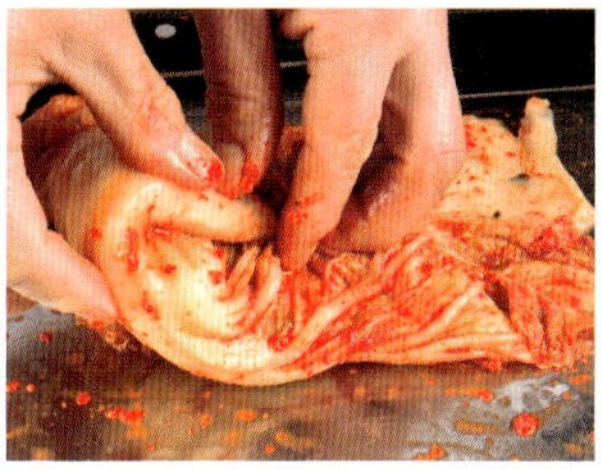

5

葉元からくるくると巻き、表面の葉先を広げて整える。同様にしてすべて包む。

6

フライパンに**2**の大根を入れ、**3**を大さじ2ほどからめて重ならないように並べる。**5**をのせる。

7

2の玉ねぎと長ねぎを散らし、残りの**3**を加え、**3**のボウルに水2カップを加え、調味料をゴムべらでぬぐって鍋肌から回し入れ、蓋をして強火にかける。

8

15分ほど煮て大根が柔らかくなったら中火にし、さばにキムチの旨みがしみ込むように、煮汁をかけながら約15分煮る。器に盛る。

上品な味わいの淡泊な太刀魚も
みそとコチュジャンを合わせたヤンニョンでこっくり煮つめ、
ご飯によく合うおかずに。
大根が甘辛味をやわらげてくれます。

太刀魚と大根のコチュジャン煮

갈치 조림 ● カルチジョリム

材料（4人分）

- 太刀魚（切り身）……4切れ
- 大根……200g
- 長ねぎ（青い部分を含む）……$\frac{1}{2}$本
- 玉ねぎ……$\frac{1}{4}$個
- Ⓐ
  - 粗びき粉唐辛子……大さじ2
  - しょうゆ……大さじ$1\frac{1}{2}$
  - みりん……大さじ1
  - 韓国みそ（→p.160）……大さじ1
  - コチュジャン……大さじ1弱
  - 砂糖……小さじ1

柳さん直伝

おいしく作るコツ

太刀魚もさば、さんまと同様に、しっかり煮つめてヤンニョンをしみ込ませていきます。日本のように汁気をたっぷり残す煮つけとは違いますが、韓国の魚料理の定番で、しっかり味がしみておいしいですよ。大根を鍋底に敷くのは、味がよくしみておいしくなるだけでなく、魚が焦げる心配がないから。安心して長時間火にかけられますよ。長ねぎ、玉ねぎは最後に入れ、香りのみ移して火を止めると、きれいな色に仕上がります。

1

大根は8㎜幅の半月切りにする。長ねぎは8㎜幅の斜め切りにする。玉ねぎも8㎜幅に切る。太刀魚は大きければ半分に切り、洗って水気を拭く。

2

Ⓐは合わせてよく混ぜる。

3

鍋に1の大根を入れ、2を大さじ2ほどからめて鍋底に敷き詰める。

4

1の太刀魚を並べ、残りの2を太刀魚の上や間にのせる。

5

2のボウルに水1カップを入れ、調味料をゴムべらでぬぐって4に注ぐ。

6

蓋をして強火にかけ、10分ほど煮たら蓋を取って中火にし、ときどき煮汁をかけながらさらに10分ほど煮る。

7

1の長ねぎと玉ねぎを加え、弱火にして煮汁をかける。

8

蓋をして5分ほど煮て、玉ねぎと長ねぎにさっと火が通ったら器に盛る。

생선회 ● センソンフェ

刺し身盛り合わせ

韓国では、刺し身はしょうゆではなく、
ピリ辛の酢みそだれでいただきます。
えごまの葉のほのかな苦みや
爽やかな香りが濃いみそだれと好相性。

材料（2人分）

まぐろ（刺し身用）…………4切れ
鯛（刺し身用）………………4切れ
いか（刺し身用）……………4切れ
大根（細切り）……………… 適量
えごまの葉 …………………… 適量
唐辛子酢みそだれ（→p.68）
………………………………… 適量
飾り用：生唐辛子
（赤・青。斜め切り）…… 各少量

1 器に大根を敷き、えごまの葉をはさみながら刺し身を盛る。

2 生唐辛子を飾って唐辛子酢みそだれを添える。

柳さん直伝

おいしく作るコツ

韓国にも日本と同じく生の魚を食べる習慣があります。日本はしょうゆにわさびですが、魚料理にはみそやコチュジャンが合うので、この唐辛子酢みそだれが定番。このたれで、わかめや野菜を和えるのもおすすめですよ。えごまの葉のほか、サンチュを添えてもおいしいです。

刺し身でアレンジレシピ

刺し身どんぶり

회덮밥●フェトッパプ

材料（1人分）

ご飯……180g
刺し身（まぐろ・いか・鯛など）……合わせて4切れ
野菜（トレヴィス・えごまの葉・生青唐辛子・三つ葉・春菊・レタスなど）……各適量
唐辛子酢みそだれ（→p.68）‥大さじ2$\frac{1}{2}$
ごま油……少量
飾り用：生唐辛子（赤・青。細切り）……各少量

1 生青唐辛子は細切りにし、春菊は葉を摘み、ほかの野菜は食べやすい大きさに切る。水にさらしてパリッとさせ、ざるに上げて水気をしっかりきる。

2 刺し身は2cm角に切り、唐辛子酢みそだれ大さじ2で和える。

3 大きめのどんぶりにご飯を盛り、**1**をこんもりと盛って唐辛子酢みそだれ大さじ$\frac{1}{2}$をかける。

4 **2**をのせ、ごま油を回しかけ、生青唐辛子を飾る。

覚えておくと便利な定番「ヤンニョン」

韓国料理では、調味料をいくつか組み合わせたものを「ヤンニョン」といいます。合わせ調味料やたれ、調理中に加える調味料が合わさったものもヤンニョン。これさえあれば、たちまち韓国料理の味になります。本書に登場する定番のヤンニョンをご紹介しましょう。

万能しょうゆだれ

いちばんよく使うのが、このしょうゆベース。そのまま料理に添えるたれにも、味つけのベースにもなる。たとえば酢を加えたらチヂミだれ、ごま油やすりごまなどをたせばナムルの和えだれ。もやしご飯には必ず添えて、好みの量を混ぜる。

材料（作りやすい量）

しょうゆ……………………………… $1/2$ カップ
ごま油…………………………………大さじ1
粗びき粉唐辛子・すりごま……各大さじ1
砂糖・にんにく（すりおろし）……各小さじ1
万能ねぎ（みじん切り）……………大さじ2

定番中の定番ヤンニョン

唐辛子酢みそだれ

コチュジャンベースなら、これ。甘辛い濃厚なコチュジャンに、酢をプラスしたキレのある味わいです。そのまま刺し身のたれにしたり、サラダや和えものの味つけにも重宝。1か月ほど日もちするので、材料表の割合で多めに作って作り置いても。

材料（作りやすい量）

コチュジャン・酢…………………各大さじ2
砂糖・みりん………………………各大さじ2
粗びき粉唐辛子……………………大さじ2
しょうがの絞り汁…………………大さじ1
にんにく（すりおろし）……………小さじ1
レモン汁……………………………$1/2$ 個分
塩………………………………………少量

その他の主なヤンニョン

みそだれ

みその甘みにピリッと辛みが加わった複雑な味。肉やご飯をサンチュやえごまの葉で包んで食べるとき、味のつなぎ役として欠かせない。ゆで豚肉のサンチュ包み、豚ばら肉の焼き肉などに。

材料（作りやすい量）

韓国みそ（→p.160）……………………大さじ3
コチュジャン・ごま油……………… 各大さじ1
すりごま……………………………… 大さじ$\frac{1}{2}$
にんにく（すりおろし）………………小さじ1
長ねぎ（みじん切り）…………………大さじ1
万能ねぎ（最後にふる）………………… 適量

あみの塩辛だれ

あみの塩辛がたれの具にも調味料にもなっていて、少量でも効果大。汁気にも旨みがたっぷりあるので、絞らずに余すところなく使う。ゆで豚肉のサンチュ包みに欠かせないたれ。豚肉と相性がよいので、豚しゃぶにも。

材料（作りやすい量）

あみの塩辛（→p.158）………………100g
粗びき粉唐辛子……………………… 大さじ1
韓国水あめ・みりん……………… 各大さじ1
ごま油………………………………… 大さじ$\frac{1}{2}$
にんにく（すりおろし）……………… 小さじ1
すりごま……………………………… 大さじ$\frac{1}{4}$
長ねぎ（みじん切り）………………… 大さじ1
万能ねぎ（最後にふる）……………… 適量

タデギ

鮮やかな真っ赤で、いかにも「辛い」感じのこれは、たっぷりの油で粉唐辛子を炒めたもの。炒めることで辛みは見た目よりも穏やか。味つけに使うより、薬味的に料理に添えて、好みで加えて辛みを加減します。あらかじめ鍋に入れる場合も。唐辛子を入れると油はねするので注意すること。常温で1か月保存可能。

材料（作りやすい量）

粗びき粉唐辛子・サラダ油…… 各大さじ6
にんにく・しょうが（ともにすりおろし）
…………………………………………… 各大さじ1
すりごま…………………………………… 適量

作り方

❶フライパンにサラダ油、にんにく、しょうがを入れて弱火にかけ、香りが出るまで炒める。

❷火を止めて少し冷ましたら、粗びき粉唐辛子を加えて手早くしっかり混ぜる。すりごまを加えて混ぜる。

ヤンニョンの味を作る

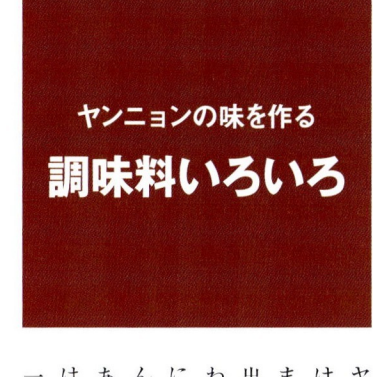

調味料いろいろ

ヤンニョンさえあれば、味つけが簡単においしく決まります。その複雑な味を生み出すのが、調味料の組み合わせです。使う種類の多さに敬遠しがちかもしれませんが、日本の家庭に普通にある調味料も多数。ここではよく使われる21の素材を一覧にしました。

コチュジャン

粗びき粉唐辛子

ごま油

韓国みそ

塩

しょうゆ

韓国水あめ

オリゴ糖

みりん

酢

砂糖

しょうが

にんにく

いりごま

すりごま

はちみつ

なし

あみの塩辛

いわしエキス

牛だしの素

こしょう

プラス一品で充実！

便利おかず

あと一品に悩んだときも、
おまかせください。
韓国料理はテーブルに
小皿をいくつも並べる習慣があるので、
野菜や豆腐、卵を使った
副菜がたくさんあります。
メインの料理と重ならない味を選んで
バランスよく組み合わせてください。
たくさん作って保存できる
常備菜もおすすめ。

PART 3

和えもの 나물 ナムル

「ナムル」とは野菜に火を通してから和えたもののこと。
韓国の食卓に欠かせないおかずです。
野菜それぞれの味が生きたおいしいナムルは、
オモニの手わざあってこそ。
そのおいしさの秘訣をお教えします。

前列右から時計回りに：小松菜、水菜、ズッキーニ、なす、春菊、白菜のナムル 以上、作り方は74、75ページ。
このほか、ほうれん草（→p.24）、ぜんまい（→p.24）、もやし（→p.24）、大根（→p.25）、
せり、きゅうり、にらなどどんな野菜でもできる。

おいしいナムルを作る 3つの手わざ

1 野菜の水分は手でしっかり絞る

ナムルの味を決めるポイントは、野菜の水分を手でしっかり絞ること。絞り方がたりないと、調味料をからめたあと、水分が出て水っぽくなり、味がぼんやりとします。野菜によってはぎゅっと絞るとつぶれるものもあるので、手で加減をしましょう。

小松菜、春菊、ほうれん草など柔らかい葉野菜はゆっくり力を入れて絞り、つぶれないようにする。

2 絞ったあとはていねいに手でほぐす

しっかり絞った野菜はひとかたまりになり、そのまま調味料を加えると、1か所に固まってしまい、味つけにむらが出ます。調味料を加える前に、手でよくほぐして空気を含ませておきましょう。この時、食べやすく切っておいても。

ぜんまいは1本1本をばらばらにするように、指先でほぐす。葉もの野菜などほぐれにくいものも、ていねいに空気を含ませる。

3 調味料をきちんと手でからめる

調味料を加えたら、野菜1枚、1本を意識しながらていねいにからめます。菜箸ではきちんと混ざらないので、必ず手でやさしく混ぜ合わせましょう。野菜によっては、調味料をもみ込むように混ぜます。

白菜はつぶれにくいので、調味料を手でよくもみ込む。味がしっかり決まったナムルができる。

小松菜のナムル　고마쯔나나물●コマツナナムル

1 小松菜は株に十字に切り目を入れて4等分に裂き、きれいに洗う。生唐辛子は縦半分に切って、小口切りにする。

2 湯を沸かして塩を加え、1の小松菜を茎のほうから入れてしんなりする程度にさっとゆでる。すぐに水にとって、ざるに上げる。

3 葉がつぶれないように、ゆっくり力をかけて水気を絞り、ボウルに入れてよくほぐす。

4 Ⓐを加え、手でまんべんなく混ぜる。1の生唐辛子を加えてさっと混ぜ、器に盛る。

材料（約210g分）

- 小松菜……270g※
- Ⓐ
  - しょうゆ……大さじ2
  - ごま油……大さじ2
  - すりごま……小さじ1
  - にんにく（すりおろし）……小さじ1
  - 牛だしの素（→p.161）……小さじ1
  - 長ねぎ（小口切り）‥大さじ2
- 生唐辛子（赤・青）……各少量
- 塩……少量

※ゆでて絞った状態で180g。

水菜のナムル　아삭채나물●アサクチェナムル

1 水菜は洗う。生唐辛子は縦半分に切って、小口切りにする。

2 湯を沸かして塩を加え、水菜の茎の部分からゆで始める。しんなりしたらすぐに水にとってざるに上げ、しっかり絞る。食べやすい長さに切ってボウルに入れてよくほぐす。

3 Ⓐを加えてまんべんなくからまるように手でよく混ぜ、1の生唐辛子を加えてさっと混ぜ、器に盛る。

材料（約210g分）

- 水菜……260g※
- Ⓐ
  - いわしエキス（→p.161）……大さじ½
  - ごま油……大さじ½
  - にんにく（すりおろし）…小さじ⅔
  - コチュジャン……小さじ1
  - すりごま……小さじ1
  - 牛だしの素（→p.161）……小さじ½
- 生唐辛子（赤・青）……各少量
- 塩……少量

※ゆでて絞った状態で180g。

ズッキーニのナムル　호박나물●ホバクナムル

1 ズッキーニは縦半分に切り、種を取り除き、5㎜厚さに切る。塩をしてもんで10分おき、軽く水気を拭く。生唐辛子は縦半分に切り、小口から切る。

2 フライパンにごま油を熱し、1のズッキーニを強火で炒める。全体に油が回ったらにんにくを加えてざっと炒め、火を止めていりごまを加えて混ぜる。器に盛って生唐辛子を飾る。

材料（約130g分）

- ズッキーニ……½本（約130g）
- 塩……ひとつまみ
- にんにく（すりおろし）……小さじ½
- いりごま……少量
- ごま油……大さじ1
- 飾り用：生唐辛子（赤・青）….各少量

なすのナムル　가지나물●カジナムル

1 なすはへたを切り落とし、縦半分に切る。生唐辛子は縦半分に切って、小口切りにする。

2 蒸し器を火にかけ、蒸気がしっかり上がったら1のなすを並べて柔らかくなるまで約5分蒸す。

3 ざるに上げて広げて冷まし、4〜5等分に裂いて軽く水分を絞る。

4 ボウルに入れてⒶを加え、手でよく混ぜる。1の生唐辛子を加えてさっと混ぜ、器に盛る。

材料（約250g分）

なす……220g（約3個）

Ⓐ
- 万能しょうゆだれ（→p.68）……大さじ1
- ごま油……大さじ1
- いりごま……小さじ1
- 牛だしの素（→p.161）……小さじ½
- 長ねぎ（小口切り）……大さじ1

生唐辛子（赤・青）……各少量

春菊のナムル　쑥갓나물●スッカッナムル

1 春菊は茎の堅い部分を切り落とし、太い茎は半分に裂く。

2 湯を沸かして塩を入れ、1を茎のほうから入れてさっとゆでる。水にとってざるに上げる。

3 つぶさないようにゆっくりしっかりと水気を絞り、ボウルに入れて手でよくほぐす。

4 Ⓐを加えてまんべんなく手で混ぜ、器に盛る。

材料（約100g分）

春菊……160g※

Ⓐ
- 万能しょうゆだれ（→p.68）……大さじ½
- ごま油……小さじ1
- すりごま……小さじ½

塩……少量

※ゆでて絞った状態で90g。

白菜のナムル　배추나물●ペチュナムル

1 白菜は縦1cm幅に切る。

2 湯を沸かして塩を加え、1を軸のほうから入れて葉元の堅い部分がしんなりするまで、やや長めにゆでる。

3 ざるに上げて粗熱が取れたらしっかり水気を絞り、ボウルに入れて手でほぐす。

4 Ⓐを加えて、手でしっかりもみ込むように混ぜる。器に盛っていりごまをふる。

材料（約290g分）

白菜……約350g※

Ⓐ
- 韓国みそ（→p.160）……大さじ1
- にんにく（すりおろし）……小さじ⅔
- コチュジャン……小さじ1
- ごま油……小さじ1
- すりごま……小さじ1
- 牛だしの素（→p.161）……小さじ½

塩……少量

いりごま……少量

※ゆでて絞った状態で260g。

さつま揚げの炒めもの

오뎅볶음●オデンポックム

韓国では、日本のさつま揚げに似た練りもののことを「オデン」といいます。ピリッと辛くて甘い味つけが絶妙。冷めてもおいしいので、お弁当にもどうぞ。

材料（2人分）

さつま揚げ……………………………4枚
玉ねぎ…………………………………½個
生唐辛子（赤・青）………各1本

Ⓐ
- しょうゆ……………大さじ1½
- 粗びき粉唐辛子……………………大さじ1½
- オリゴ糖………………大さじ1
- にんにく（すりおろし）……………………大さじ½

黒こしょう……………………適量
いりごま…………………大さじ½
サラダ油……………………大さじ1

1 さつま揚げは1cm幅に、玉ねぎは1.5cm角に切る。生唐辛子は種を取って斜め切りにする。

2 Ⓐは合わせてよく混ぜる。

3 フライパンにサラダ油を熱し、強火で1のさつま揚げと玉ねぎを炒め、全体に油が回ったら2を加えてまんべんなく炒め合わせる。

4 汁気が少なくなったら1の生唐辛子と黒こしょう、いりごまを加え、ざっと炒め合わせ、器に盛る。

柳さん直伝

おいしく作るコツ

生唐辛子の種を取るときは、先端を切り落として全体を軽くもみ、振り落とすといいですよ。輪切りや斜め切りは、輪の形を残したいので、この方法がおすすめです。もしきれいに取れなくても、切ってから水に放すと取れやすくなります。

炒めもの 볶음 ポックム

炒めもののことは「ポックム」といいます。甘くてピリ辛い味が多いので、
ご飯のおかずにもおつまみにもぴったり。
ここで大活躍するのがヤンニョン！　材料を切って、
ヤンニョンで炒めるだけで作れるシンプルレシピばかりなので、
パパッと出したいときに重宝します。

韓国もちの甘辛炒め

떡볶이 ● トッポッキ

韓国の屋台で人気の「トッポッキ」。甘辛く炒めたうるち米のもち（トック）は、おやつや軽食としてもどうぞ。

1 韓国もちは水90㎖に20分ほど浸してもどす。

2 キャベツはざく切り、玉ねぎは5㎜幅に切り、長ねぎは斜め切りにする。さつま揚げは1㎝幅に切る。

3 Ⓐは合わせて混ぜる。

4 1を水ごとフライパンに入れて強火にかける。もちが柔らかくなったら、3を加えて混ぜる。

5 水気が少なくなったら2を加えて炒め、野菜がしんなりしたらごま油を回しかけてさっと混ぜ、器に盛る。

材料（2人分）

韓国もち（→p.159）……10個
キャベツ……1枚
玉ねぎ……⅙個
長ねぎ……5㎝
さつま揚げ※……50g
Ⓐ
　コチュジャン……大さじ2
　韓国水あめ（→p.161）……大さじ1
　ケチャップ……大さじ1
　砂糖……大さじ½
　しょうゆ……大さじ½
　にんにく（すりおろし）……小さじ1
　牛だしの素（→p.161）……小さじ½
　いりごま……少量
ごま油……大さじ1

※ちくわなどの練りものでもよい。

いかと野菜の炒めもの

오징어볶음 ● オジンオポックム

飾り切りしたいかを野菜と炒めた、彩りが華やかなおかず。いかは火を入れすぎると堅くなって旨みも抜けるのでさっと炒めます。

1 するめいかは表面に5㎜間隔に斜めの切り目を入れる。1㎝幅に切り、水気をしっかり拭く。

2 長ねぎと生唐辛子は5㎜幅の斜め切りに、玉ねぎは5㎜幅に切る。Ⓐは合わせて混ぜる。

3 フライパンにごま油大さじ1を熱し、2の長ねぎと玉ねぎを入れて強火で炒める。しょうゆを加えてさっと全体にからめ、コチュジャン、砂糖を加えて炒める。

4 1を加えてひと炒めし、2のⒶを加えて炒め合わせる。

5 全体に混ざったら、残りのごま油を回し入れて手早く混ぜ合わせ、器に盛る。

材料（2人分）

するめいか（さばいたもの）……½ぱい
長ねぎ（青い部分を含む）……¼本
玉ねぎ……⅛個
生唐辛子（赤・青）……各½本
しょうゆ……大さじ½
コチュジャン……大さじ½
砂糖……大さじ½
Ⓐ
　オリゴ糖……大さじ½
　粗びき粉唐辛子……大さじ½
　にんにく（すりおろし）……大さじ½
　いりごま……小さじ½
ごま油……大さじ1½

卵の蒸し煮

계란찜●ケランチム

まるで茶碗蒸しのような料理ですが、直火で蒸し焼きにするので、すが入ってふわふわ。たっぷりのだしと一緒に召し上がれ。

材料（2人分）

卵……………………………………2個
だし汁（→p.131）……$1\frac{1}{4}$カップ
酒…………………………………大さじ$\frac{1}{2}$
あみの塩辛（→p.158）‥大さじ$\frac{1}{2}$
ごま油……………………………大さじ$\frac{1}{2}$
にんにく（すりおろし）…小さじ$\frac{1}{2}$
塩…………………………………少量
万能ねぎ（小口切り）………2本分

1 土鍋など直火にかけられる器に卵をときほぐす。万能ねぎ以外の材料を加えてよく混ぜる。

2 万能ねぎを中央にのせ、蓋をして中火にかける。

3 沸騰したら弱火にして3～4分、中央が盛り上がってくるまで蒸し煮する。

柳さん直伝

おいしく作るコツ

日本の茶碗蒸しに似てますが、これは卵が多めでふわふわとした食感です。もっとふわふわにしたかったら、卵の量をもう少し多くしても。底が少し焦げるのもまた、香ばしくておいしいですよ。

煮もの・蒸し煮

조림·찜 ジョリム・チム

韓国では煮もののことを「ジョリム」や「チム」といい、
日本の煮ものより煮汁が少ないのが特徴です。
ジョリムは濃い煮汁を素材にしみ込ませて煮つめること。
チムは鍋の蓋をして、少ない煮汁で蒸し煮にしたものです。

じゃがいもの煮ころがし

감자조림 ● カムジャジョリム

素揚げしたじゃがいもを甘辛く煮つめました。こっくりとした味つけですが、中は新じゃがのホクホクとしたおいしさが味わえます。

材料（2人分）

- 新じゃがいも……6個（160g）
- A
  - だし汁（→p.131）……大さじ$1\frac{2}{3}$
  - しょうゆ……大さじ$1\frac{1}{2}$
  - 韓国水あめ（→p.161）……大さじ1
  - 砂糖……小さじ$\frac{1}{2}$
  - にんにく（すりおろし）……小さじ$\frac{1}{2}$
  - 牛だしの素（→p.161）……小さじ$\frac{1}{4}$
- 揚げ油……適量
- いりごま……適量

1 新じゃがいもは皮つきのまま洗って水気を拭く。

2 揚げ油を170℃に熱し、1を中まで柔らかくなるまで揚げる。竹串がすーっと入ったらよい。

3 フライパンにⒶを入れて混ぜ、2を加えて強火にかける。

4 沸騰したら弱火にして味がしみ込むように、菜箸で1個ずつ1か所穴をあけ、蓋をして煮つめる。

5 焦げないようにときどき混ぜながら、煮汁がとろりとしたらフライパンを回して煮汁をからませ、いりごまをふってさっと混ぜ、器に盛る。

豆腐の煮つけ

두부조림 ● トゥブジョリム

水きりした豆腐に調味料を含ませるように煮るシンプルな豆腐料理。中火でゆっくり煮つめます。

材料（2人分）

- 豆腐（木綿）……$\frac{1}{2}$丁
- A
  - だし汁（→p.131）‥$\frac{1}{4}$カップ
  - しょうゆ……大さじ2
  - 粗びき粉唐辛子…大さじ$\frac{1}{2}$
  - 砂糖……小さじ1
  - にんにく（すりおろし）……小さじ1
  - 長ねぎ（小口切り）‥大さじ2
  - 生唐辛子（赤・青。小口切り）……各少量
- サラダ油……小さじ1

1 豆腐は1cm幅の食べやすい大きさに切り、ペーパータオルで軽く押さえて水気を取る。

2 Ⓐは合わせてよく混ぜる。

3 フライパンにサラダ油を熱し、豆腐を強火で焼く。両面にうっすら焼き色がついて焼き固まったら2を加える。

4 中火にして煮汁がほとんどなくなるまで煮つめて器に盛る。

サンチュサラダ

상추무침●サンチュムチム

酢じょうゆだれで和える韓国の定番ミックスサラダ。あえて違う食感や香りの野菜をミックスして爽やかなあと味を生みます。

材料（2人分）

サニーレタス……………………3枚
きゅうり…………………………¼本
玉ねぎ……………………………15g
長ねぎ……………………………8cm
春菊（柔らかい葉）…………10枚
Ⓐ
- 万能しょうゆだれ（→p.68）……………………大さじ1弱
- 酢……………………大さじ1½
- ごま油………………大さじ½

生唐辛子（赤。小口切り）… 適量

1 きゅうりは縦半分に切って、斜め薄切りにする。玉ねぎは薄切りに、長ねぎは芯を除いて極細切りにする。野菜の水気はしっかり拭き取る。すべてボウルに入れる。

2 Ⓐはよく混ぜておく。

3 サニーレタス、春菊は大きめにちぎり、**1**のボウルに加える。

4 **2**を加えて手で全体にほぐしながら、野菜にヤンニョンがしっかりからまるように混ぜ、器に盛る。生唐辛子を飾る。

柳さん直伝

おいしく作るコツ

日本ではサニーレタスとサンチュを区別していますが、韓国ではサニーレタスもサンチュと呼びます。サンチュはよく肉やご飯を包んで食べますが、サラダにするのも定番なんですよ。野菜は数種合わせることによって、彩りがよく、食感の違いが感じられます。手でやさしくほぐすようにしながら野菜ひとつひとつにヤンニョンをからめると、空気を含んでおいしそうになります。

サラダ

샐러드·무침 セルロドゥ・ムチム

「ムチム」は和えるという意味。ナムルも同じく和えものですが、ムチムは生の野菜を和える場合が多く、いわばサラダ感覚。和えるときにヤンニョンを混ぜておくタイプと、盛り付けたあとからかけるタイプがあります。

にらサラダ

부추무침●プチュムチム

意外な組み合わせですが、フルーツたっぷりの甘酸っぱいドレッシングでおいしくまとまります。

材料（2人分）

にら……60g
なし……100g
ドレッシング（約330mℓ分）
- りんご……1個
- キウイ……$\frac{1}{2}$個
- パイナップル……$\frac{1}{2}$個
- レモンの絞り汁……$\frac{1}{2}$個分
- 酢……大さじ$4\frac{1}{3}$
- 砂糖……大さじ$4\frac{1}{3}$

1 にらは6cm、7cm、8cmの3通りの長さになるように切る。なしも同様に棒状に切る。

2 ドレッシングの果物は皮をむいて2cm角に切り、調味料とともにミキサーにかける。写真はでき上がり。

3 器の中央に、にら$\frac{1}{3}$量（長いもの）をきれいに並べ、なし$\frac{1}{3}$量（長いもの）を直角に交差させてのせる。短いものを同様にして2段重ね、はみ出した部分ははさみで切り落として形を整える。2をたっぷりかける。

柳さん直伝

おいしく作るコツ

にら特有のツンとした香りや辛みが、なしと合わせると丸みのある味になります。ちょっとだけ長さを変えて切り、盛り付けのときに、下に長い部分を、上に短い部分を使うと、美しい姿になります。このドレッシングはいろいろなフルーツが入って、甘く爽やかな味。切っただけの大根サラダ（→p.82）にもぴったりです。

大根サラダ

무우샐러드●ムウセルロドゥ

水によくさらした野菜はシャキシャキッと心地よい歯ざわりに。
フルーティーなドレッシングととってもよく合います。

材料（2～3人分）

- 大根……………………$1/4$本
- にんじん……………………20g
- 貝割れ菜……………………少量
- ドレッシング（→p.81）……………………適量

1 大根、にんじんは極細切りにする。貝割れ菜は根を切り落とす。水に10分ほどさらす。

2 水気をしっかりきり、混ぜてふんわり器に盛り、ドレッシングをたっぷりかける。

きゅうりサラダ

오이무침●オイムチム

みずみずしいきゅうりのピリ辛サラダは、まるで即席キムチ。
清涼感が口の中にあふれ、体の中までうるおうよう。

1 きゅうりは5㎝長さに切り、縦4等分にしてボウルに入れ、Ⓐを混ぜる。そのまま10分ほどおいて軽く絞る。

2 生唐辛子は種を取り、細切りにして1に加え、Ⓑも加えてよく混ぜて器に盛る。

材料（2～3人分）

- きゅうり……………………$1\frac{1}{2}$本
- Ⓐ
  - 塩……………………ひとつまみ
  - 粗びき粉唐辛子……………………小さじ$1/2$
- 生唐辛子（赤・青）……各$1/4$本
- Ⓑ
  - 酢……………………小さじ1
  - ごま油……………………小さじ$1/2$
  - いりごま……………………小さじ$1/2$
  - にんにく（すりおろし）……………………小さじ$1/2$
  - 砂糖……………………小さじ$1/4$

わかめサラダ

미역무침●ミヨクムチム

ピリ辛の酢みそで和えたわかめは、まるで"ぬた"のよう。
おつまみにもぴったり。

1 わかめは10分ほど水に浸してもどし、食べやすい大きさに切る。きゅうりは縦半分に切って斜め薄切りにする。生唐辛子は種を取り除き、3cm長さの細切りにする。

2 ボウルに1を入れ、唐辛子酢みそだれを加えて手でもみ込むように混ぜ合わせる。

3 いりごまを加えて全体に混ぜて器に盛る。

材料（2～3人分）

わかめ（乾燥）※……20g
きゅうり……½本
生唐辛子（赤・青）……各½本
唐辛子酢みそだれ（→p.68）……大さじ4
いりごま……小さじ½

※塩蔵わかめを使うときは、さっと湯通しする。

せりサラダ

미나리무침●ミナリムチム

せりのほろ苦い味わいと爽やかな香りは、春の訪れを告げる味。
個性的なせりに負けない、ピリ辛しょうゆだれを合わせて。

1 せりはよく洗って堅い葉は取り除き、5cm長さに切ってボウルに入れる。

2 ドレッシングの材料をよく混ぜ、1に加えて和え、器に盛る。

材料（2～3人分）

せり※……120g
ドレッシング
- 万能しょうゆだれ（→p.68）……大さじ1
- 酢……大さじ½
- オリゴ糖……小さじ1
- 粗びき粉唐辛子……小さじ1
- すりごま……小さじ1
- ごま油……小さじ1

※韓国のせりは太めで、香りが強く爽やか。日本のものでもよい。

作り置きで食卓をにぎわす 常備菜 밑반찬●ミッバンチャン

韓国料理店で、席に着くとすぐ小皿料理が次々に出てきた経験はありませんか?
これは「ミッバンチャン」といい、キムチはもちろん、ご飯がすすみそうな煮もの、炒めものなどで、日本の常備菜にあたるもの。
韓国では家庭でも、料理の数は多ければ多いほどよいとされ、多めに作って保存し、できるだけいろんな種類のおかずを並べます。

いりこの炒めもの

멸치볶음●ミョルチボックム

カルシウムたっぷりの韓国版"田作り"。

1 煮干しはフライパンでからいりし、香ばしい香りがしたら取り出す。

2 同じフライパンにⒶと水大さじ2を入れて火にかけ、沸騰したら中火にして1を戻し入れる。

3 煮汁がなくなってきたら、サラダ油を加えてさらに炒め、煮汁をからませる。火を止めていりごまをふり、器に盛る。

保存●冷蔵庫で3週間。

材料(作りやすい量)

煮干し……100g

Ⓐ
- 韓国水あめ(→p.161)……大さじ3
- みりん……大さじ2
- しょうゆ……大さじ2
- 砂糖……大さじ$1\frac{1}{3}$
- 粗びき粉唐辛子‥大さじ1
- コチュジャン……大さじ1
- にんにく(すりおろし)……小さじ1

いりごま……小さじ1

サラダ油……大さじ4

えごまの葉のしょうゆ漬け

깻잎장아치●ケンニプジャンアチ

ご飯を包んで食べてもおいしいピリ辛味。

1 えごまの葉は洗って、ペーパータオルで水分を拭く。

2 Ⓐは合わせてよく混ぜ、Ⓑを加えて混ぜる。

3 1のえごまの葉1枚1枚に2をていねいに塗り(1枚の葉に小さじ1が目安)、器に重ねる。

保存●冷蔵庫で3週間。

材料(作りやすい量)

えごまの葉……40枚

Ⓐ
- だし汁(→p.131)……大さじ$3\frac{1}{3}$
- いわしエキス(→p.161)……大さじ3
- しょうゆ……大さじ2
- 粗びき粉唐辛子‥大さじ2
- 砂糖……大さじ1
- いりごま……大さじ1

Ⓑ
- にんにく(せん切り)…15g
- しょうが(せん切り)….10g
- 長ねぎ(小口切り)……$\frac{1}{3}$本分(30g)
- 生唐辛子(赤。種を取って斜め薄切り)……1本分

岩のりの和えもの

돌김무침●トルギムムチム

ほんのりとした辛みがあとを引く、ご飯のお供。

材料（作りやすい量）

岩のり……15g

Ⓐ
- しょうゆ……大さじ1½
- みりん……大さじ1
- ごま油……小さじ½
- 砂糖……小さじ½
- にんにく（すりおろし）……小さじ½
- いりごま……小さじ½
- 粗びき粉唐辛子……少量

1 Ⓐは合わせて混ぜる。

2 岩のりはボウルに入れて両手でもみほぐし、1を加えて手でもみながら混ぜ合わせ、ほぐしながら器に盛る。

保存●冷蔵庫で3日間。

干しえびの炒めもの

마른새우볶음●マルンセウポックム

香ばしい香りとピリ辛だれが食欲をそそります。
おつまみにもぴったり。

1 干しえびはフライパンでからいりし、香ばしい香りがしたらサラダ油を加えて全体にからめ、取り出しておく。

2 同じフライパンにⒶと水大さじ2を入れ、よく混ぜて強火にかけ、沸騰したら中火で約3分煮つめる。

3 火を止めて1を戻し入れてよくからめ、いりごまをふってざっくり混ぜ、器に盛る。

保存●冷蔵庫で3週間。

材料（作りやすい量）

干しえび……100g

Ⓐ
- 韓国水あめ（→p.161）……大さじ3
- みりん……大さじ2
- コチュジャン……大さじ2
- しょうゆ……大さじ1
- 砂糖……大さじ1⅓
- にんにく（すりおろし）……小さじ1

いりごま……小さじ1

サラダ油……大さじ4

ししとうの蒸し和え

꽈리고추무침●クァリコチュムチム

粉をつけて蒸したししとうは、なめらかな舌ざわり。
薄力粉をつけることでしっかり味がつきます。

材料（作りやすい量）

ししとう……30本
薄力粉……適量
Ⓐ 万能しょうゆだれ（→p.68）……大さじ$1\frac{1}{2}$
Ⓐ ごま油……大さじ1
Ⓐ いりごま……小さじ1
Ⓐ 長ねぎ（小口切り）……大さじ1
飾り用：生唐辛子（赤・青。小口切り）‥各少量

1 ししとうは洗ってへたを取り、ぬれたまま薄力粉をまぶす。

2 蒸し器にオーブンペーパーを敷き、1を並べて強火にかける。蒸気が上がったら蓋を取って約4分おき、火を止める。

3 ボウルにⒶを合わせて混ぜ、2を温かいうちに加えて和え、器に盛って生唐辛子を飾る。

保存●冷蔵庫で2日間。

揚げ昆布

다시마튀김●タシマティギム

揚げたてに砂糖をからめた簡単常備菜。
おやつにもどうぞ。

材料（作りやすい量）

昆布（肉厚なもの）……15g
砂糖……大さじ1
いりごま……適量
揚げ油……適量

1 昆布は食べやすい大きさに折る。

2 揚げ油を170～180℃に熱し、1をからっと揚げる。

3 ボウルに入れ、熱いうちに砂糖をからめて、いりごまを加えてざっと混ぜ、器に盛る。

保存●常温で3日間。

黒豆の煮もの

검은콩조림●コムンコンジョリム

ほんのりにんにくの香りの甘辛い黒豆は、歯ごたえもしっかり。

1 鍋に黒豆と水2カップを入れ、30分ほど浸す。

2 1の鍋に蓋をして強火にかけ、沸騰したら弱火で13～15分豆が柔らかくなるまで煮る。

3 Ⓐを加え、沸いたらにんにくを加え、蓋をせずに煮つめる。

4 汁気がわずかに残る程度になったら、サラダ油といりごまを加えて全体にからめてつやを出し、器に盛る。

保存●冷蔵庫で1か月。

材料（作りやすい量）

- 黒豆（乾燥）……200g
- Ⓐ
  - しょうゆ……大さじ2
  - 韓国水あめ（→p.161）……大さじ2
  - 砂糖……小さじ1
- にんにく（すりおろし）……小さじ1/2
- いりごま……小さじ1/2
- サラダ油……大さじ1

牛肉のつくだ煮

소고기장조림●ソゴギジャンジョリム

柔らかいビーフジャーキーのような味わい。
しっかり味を含んでいるので、ご飯のおかずにもぴったりです。

1 牛ももかたまり肉は、水に浸して、3回ほど水を替えながら約1時間血抜きする。

2 鍋に1と水3カップを入れ、火にかけて沸騰したら、弱火にしてあくと脂を取りながら20分煮る。

3 Ⓐを加えて調味料を溶かす。

4 うずらの卵を加えて沸騰したら弱火にし、味がしみ込むように煮汁をかけながら、蓋をして、煮汁が少なくなるまで煮る。

保存●冷蔵庫で1週間。

材料（作りやすい量）

- 牛ももかたまり肉……500g
- うずらの卵（水煮）……10個
- Ⓐ
  - しょうゆ……大さじ4
  - 酒……大さじ2
  - 砂糖……大さじ2
  - オリゴ糖……大さじ2
  - にんにく（すりおろし）……小さじ2
  - 牛だしの素（→p.161）……小さじ1
- いりごま……小さじ1

おいしく食べるために

肉を裂いていりごまを混ぜ、煮汁を少しつけて食べます。
堅い部分ははさみで切りましょう。保存するときはかたまりのままで。

名人・柳さんに習う

キムチ教室

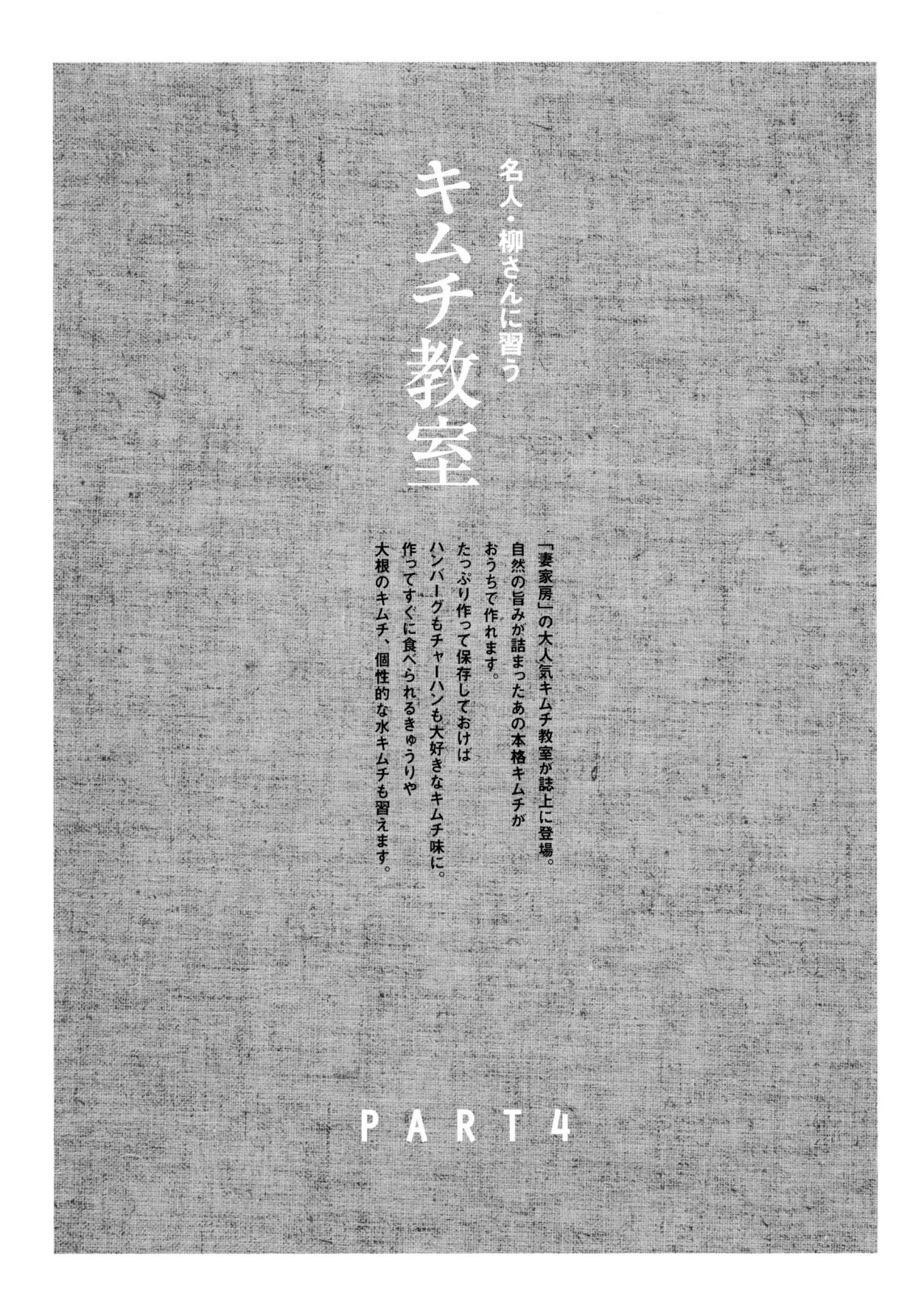

「妻家房」の大人気キムチ教室が誌上に登場。
自然の旨みが詰まったあの本格キムチが
おうちで作れます。
たっぷり作って保存しておけば
ハンバーグもチャーハンも大好きなキムチ味に。
作ってすぐに食べられるきゅうりや
大根のキムチ、個性的な水キムチも習えます。

PART 4

キムチ 김치《キムチ》

韓国料理好きなら、いつかは作ってみたいのが本格白菜キムチ。
時間はかかりますが、ていねいに作った自家製キムチは絶品です。
ほかにも、きゅうりや大根のキムチ、そして水キムチにも挑戦してみましょう。
白菜キムチを使った、いまどきの料理もたくさん紹介しています。
意外な組み合わせに新しいおいしさを発見できますよ。

本格白菜キムチ

배추김치 ● ペチュキムチ

自分できちんと漬けたキムチは絶品。辛さのなかにも素材本来の甘みがあり、やみつきになるおいしさ。深い味わいとコクが楽しめます。

材料（作りやすい分量）

Step 1 白菜の塩漬け

粗塩
200g

白菜
1株（3kg）

Step 2 ヤンニョン

長ねぎ
1本（110g）

大根
470g

にら
100g

玉ねぎ（大）
1/2個（190g）

粗びき粉唐辛子
120g

いか
70g

なし
1/4個（150g）

あみの塩辛
80g

しょうが
20g

にんにく
50g

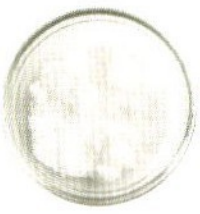

砂糖
大さじ1

いりごま
大さじ1

いわしエキス
大さじ2

特別に用意する道具
白菜1個分が入る大きさのボウルとざる
すり鉢とすりこ木　保存容器（容量約3.5ℓ）

◀次ページから作り方スタート!

柳さん直伝

おいしく作るコツ

ここでは、家庭で作りやすい量で紹介しています。でも、できれば5株以上の分量で作るほうがおすすめ。素材から出る味が旨みになりますし、白菜どうしが保存容器の中で密着していると、ヤンニョンがしっかり浸透していきます。Step1白菜の塩漬け、Step2ヤンニョン作り、Step3ヤンニョンで本漬けに沿って、ていねいに作りましょう。

Step 1　白菜の塩漬け

おいしい白菜キムチ作りのポイントは塩漬けといっていいほど。余計な水分を抜くと、ヤンニョンがしっかりしみ込んで、上手に仕上がります。全体にしんなりさせるために、葉元の堅い部分には、しんなりし始めてからもう一度葉の間にしっかり塩をしましょう。

1

白菜は外側の堅い葉を取り除き、根元に包丁を入れて、裂くように縦半分に切る。

2

大きめのボウルに水1ℓと粗塩$\frac{1}{3}$量を入れて溶かす。白菜を入れ、小さなボウルで塩水をかけながら、まんべんなくからめる。

3

塩水が入りにくい葉と葉の間も、開いて塩水を入れる。

4

断面を上にして、皿をのせ、重しをして1時間ほどおく。

5

4の葉を1枚ずつ持ち上げながら根元の部分に粗塩をまぶす。断面に塩水をかける。

6

塩水が流れないよう、断面を上にして、皿をのせ、重しをしてさらに3時間漬ける。

7

途中でしんなりしていないところがあればもう一度葉元のほうまで残りの塩をふる。断面を下にして重しをしてさらに3時間漬ける。

8

しんなりしたら流水でしっかり洗い、断面を下にしてざるに上げ、1時間ほどおいて自然と水気をきる。

塩漬けはきちんとできましたか？

重しをしておくと、こんなに水が！　まだまだ出るので途中で捨てましょう。白菜キムチは塩加減で決まるといわれています。ヤンニョンで本漬けする前に、塩漬けした白菜の味をみて、しょっぱいようなら流水でよく洗います。

◀塩漬けをしている間に
ヤンニョン作りをして、いよいよ本漬け。

Step 2 ヤンニョン作り

ポイントはにんにくとしょうがをすり鉢などでつぶすこと。
水分が出にくく、べちゃべちゃになりません。

1

長ねぎは斜め薄切り、にらは4cm長さに切り、いか、大根、なしはせん切りにする。玉ねぎは薄切りにする。

2

すり鉢にしょうがとにんにくを入れ、すりこ木でつぶす。

3

大きめのボウルに1の大根となし、粗びき粉唐辛子を入れ、まんべんなく混ぜ合わせ、20分ほどおく。

4

2のにんにくとしょうが、あみの塩辛、いわしエキス、いか、砂糖を加えてよくもみながら混ぜ合わせる。

5

1の長ねぎ、玉ねぎ、にらを加え、全体にもまないように軽く混ぜてから、いりごまを入れて混ぜる。

6

水分が出るまで20～30分おく。

Step 3 ヤンニョンで本漬け

軸の部分にもしっかりヤンニョンをはさみましょう。
保存容器に隙間なくぎゅっと入れると、全体によく味がしみます。

1

Step1の白菜の塩漬けの外葉を2～3枚はがしてとっておく。外側の葉を開き、Step2のヤンニョンを葉先から塗り、軸の間にはさむ。

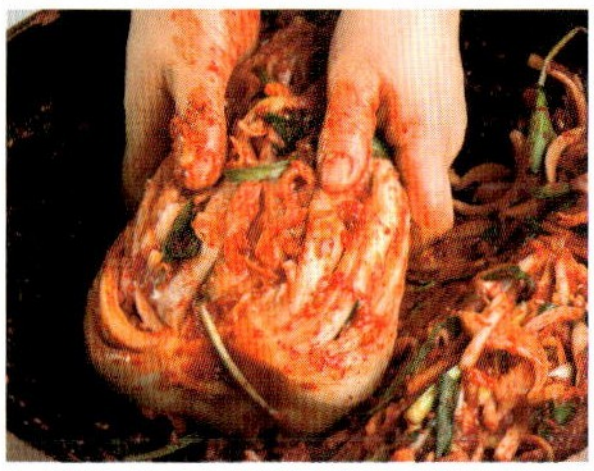

2

すべての葉の間にヤンニョンをはさみ、外側にも塗り、軽くもみ込んでまとめる。1ではがした外葉にもヤンニョンをからめる。

3

白菜の根元から包丁を入れ、縦半分に切る。

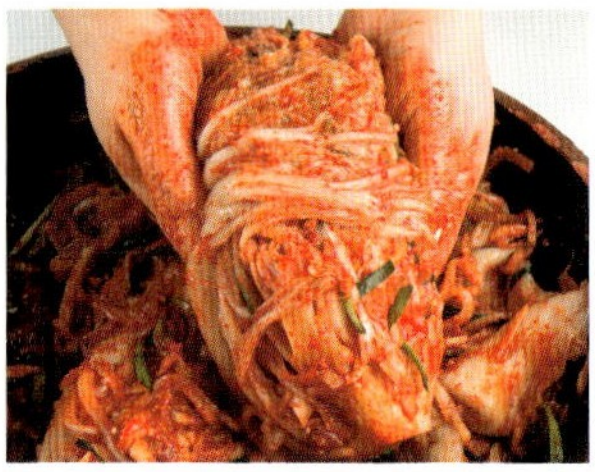

4

ヤンニョンが出てこないように外側の葉をずらしてくるりと包む。

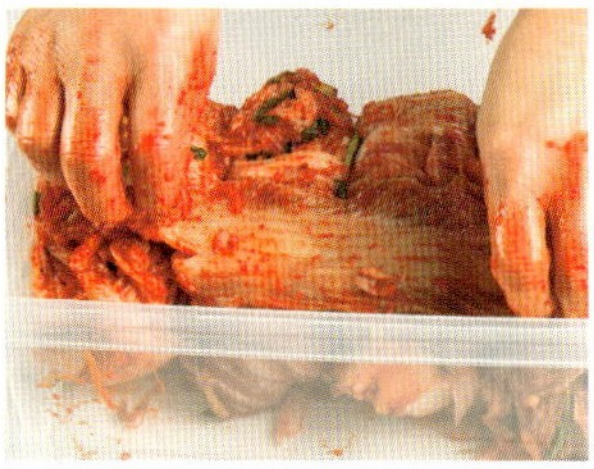

5

保存容器に隙間なく詰め、残りのヤンニョン半量をのせ、2の外葉を覆いかぶせ、残りのヤンニョンをのせる。

6

保存容器に蓋をして、一定期間（10月～3月は2日、18℃程度なら1日が目安）涼しい場所で発酵、熟成させたあと冷蔵庫に保存する。夏場はすぐに冷蔵庫へ。

教えて！柳さん

白菜キムチの保存と食べ頃

キムチは熟成、発酵して旨みが増します。せっかくていねいに作ったキムチ、正しい保存方法と食べ頃を知っておいしくいただきましょう。

キムチを取り出して切る

保存容器から取り出すときは、底のほうから。キムチは洗わずに、食べやすい大きさに切って盛り付けます。

❶白菜キムチをまな板の上に取り出し、縦半分に切る。

❷芯の堅い部分は切り落として、等間隔に切り分ける。

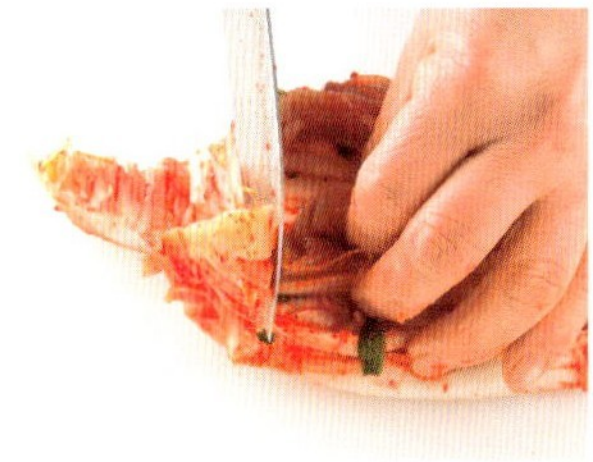

❸切り分けたかたまりごと、切り口をそろえて器に盛り付ける。

保存

キムチの保存には韓国では一般的に陶製の甕(かめ)を使います。なぜならキムチがわずかに呼吸できるから。シャキシャキとした状態が長く保てます。ポリエチレンやステンレス製の保存用器でもかまいませんが、陶製の甕ほどには長もちはしないのでご注意を。

ステンレス製のキムチ用保存容器。しっかり蓋が閉まるので、冷蔵庫ににおいが充満しない。合羽橋などの道具店で購入できる。

韓国で一般的な陶製の甕。大きさもいろいろで、大きいものは、蓋を使って塩漬けや本漬けができる(p.93のプロセスで使用していたものは甕の蓋)。

おいしい食べ頃

キムチを漬け終わったら、涼しい時期は発酵させるためにすぐには冷蔵庫へ入れずしばらく外に置きます。冬は約2日、18℃くらいなら1日。20℃を超えたら発酵が進むため、すぐに冷蔵庫へ。暖かい時期に少しでも外に出しておくと、発酵の進みが速く、その後冷蔵庫に入れてもどんどん発酵するため、酸味がきつくなります。下の図表を参考に、順に試食して好みの食べ頃を探しましょう。酸味が気になるときは、炒めものや鍋ものにするとおいしいですよ。

夏季（4月～9月）

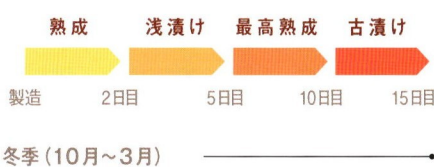

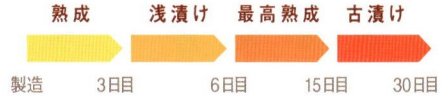

熟成　浅漬け　最高熟成　古漬け

製造　2日目　5日目　10日目　15日目

冬季（10月～3月）

熟成　浅漬け　最高熟成　古漬け

製造　3日目　6日目　15日目　30日目

白菜の塩漬けでアレンジレシピ

浅漬け風
白菜キムチ

배추겉저리

● ペチュコッチョリ

材料（作りやすい量）

- 白菜……1/4株
- あみの塩辛（→p.158）‥大さじ1
- Ⓐ
  - 粗びき粉唐辛子……大さじ2
  - にんにく（つぶす）……大さじ1
  - しょうが（つぶす）……小さじ1
  - いりごま……大さじ1
  - 万能ねぎ（3㎝長さ）……50g
  - ごま油……大さじ1
  - オリゴ糖……大さじ1
  - いわしエキス（→p.161）……大さじ1

1 白菜を塩漬けして（→p.92）、水気をきり、食べやすい大きさに切る。

2 あみの塩辛は細かく刻み、ボウルにⒶとともに入れて混ぜる。

3 1を加えて全体にさっと混ぜ合わせ、器に盛る。

柳さん直伝

おいしく作るコツ

本格白菜キムチではにらを使いましたが、即席白菜キムチでは万能ねぎ。万能ねぎを使うと日もちしませんが、おいしく仕上がります。

きゅうりキムチ

오이김치●オイキムチ

「オイキムチ」として知られるキムチ。
「オイ」はきゅうりの意。
きゅうりのみずみずしさが
こってりした肉料理の付け合わせにも、
おつまみにもぴったり。

材料（作りやすい量）

- きゅうり（太いもの）……………4本
- にんじん……………………………1/3本
- にら…………………………………1/2束
- 塩………………………………大さじ2
- あみの塩辛（→p.158）………50g
- Ⓐ
  - 粗びき粉唐辛子…………30g
  - にんにく（つぶす）…大さじ1
  - しょうが（つぶす）……………………大さじ1/2
  - 砂糖………………………大さじ1/2
  - オリゴ糖…………………大さじ1
  - いりごま…………………大さじ1/2

1 きゅうりは両端を切り落として長さを3等分にし、端から1cmほどを残して、縦に十文字に切り目を入れる。塩をふって表面を軽くもみ、水大さじ1を加え、ときどき返しながら、2時間ほどおく。

2 にんじん、にらはみじん切りにする。あみの塩辛は細かく刻む。

3 ボウルにⒶと2のあみの塩辛を合わせてよく混ぜ、2のにんじん、にらを加えて軽く混ぜる。

4 3にきゅうりを加えてよくすり込み、切り目に具をしっかり詰める。

柳さん直伝

おいしく作るコツ

きゅうりは中に具を詰めるので、太くてまっすぐなものを選びましょう。白菜キムチと比べて、あまり日もちがしないので、食べきれる分だけ作ってください。即席で作るなら、きゅうりを食べやすい太さに切ってヤンニョンと和えるだけ。作ってすぐから食べられ、冷蔵庫で約1週間保存できます。

材料（作りやすい量）

大根……………………1本（1kg）
せり（茎のみ）………………30g
万能ねぎ………………7本（40g）
塩……………………………13g
粗びき粉唐辛子…………大さじ4
あみの塩辛（→p.158）………40g

Ⓐ
- にんにく（つぶす）…………大さじ1½
- しょうが（つぶす）…………大さじ½
- 砂糖………………大さじ½
- オリゴ糖……………大さじ2
- いりごま……………小さじ1

1 大根は皮をむき、1.5cm角に切る。塩をふり、途中返しながら1時間ほどおく。

2 せり、万能ねぎは2cm長さに切り、あみの塩辛は汁気をきって刻む。

3 1の水気をきり、粗びき粉唐辛子をまぶして色をつける。

4 ボウルにⒶと2のあみの塩辛を合わせて混ぜ、3を加えて混ぜ、2のせりと万能ねぎを加えて混ぜる。

柳さん直伝

おいしく作るコツ

大根の水気を生かしたこのキムチは甘みがあって、さっぱりいただけます。大根は日もちをさせるために、塩漬けして作ります。この作り方なら2～3か月はもちますよ。漬けたてでもおいしいですが、2週間ほど発酵させて酸味が出たものもおすすめ。大根は甘みの強いものを選びましょう。甘みがたりないときは、砂糖を少し多めに入れてください。

大根キムチ

깍두기●カクトゥギ

韓国では「カクトゥギ」（カクテキ）。カクは角、トゥギは切り落とすという意味で四角く切り落としたもののことをいいます。
辛さのなかにも、大根の甘みがしっかり味わえます。

水キムチ

물김치 ● ムルキムチ

汁ごと味わうキムチなので、
韓国ではスープとして食べることも。
ほどよい酸味が心地よく、さっぱりといただけます。
野菜の彩りも美しい華やかなキムチです。

材料（作りやすい量）

白菜（中の黄色い部分）	1/3株
大根	1/3本
万能ねぎ	1/2束
せり（茎のみ）	1/2束
生唐辛子（赤）	2本
粗びき粉唐辛子	大さじ3
にんにく	1株
しょうが	30g
ミネラルウォーター	6カップ
岩塩	大さじ2 1/2
砂糖	大さじ1
塩	少量

柳さん直伝

おいしく作るコツ

水キムチはスープ代わりに料理と一緒にいただいたり、冷麺のスープとしても使えます。甘みが強いほうがおいしいので、白菜は中心に近い黄色い部分を使ってください。スープが濁らないように、にんにくとしょうがはせん切りにします。よく冷やすとおいしいですよ。食べ頃は作って5日目から。冷蔵保存で、2週間以内に食べきりましょう。

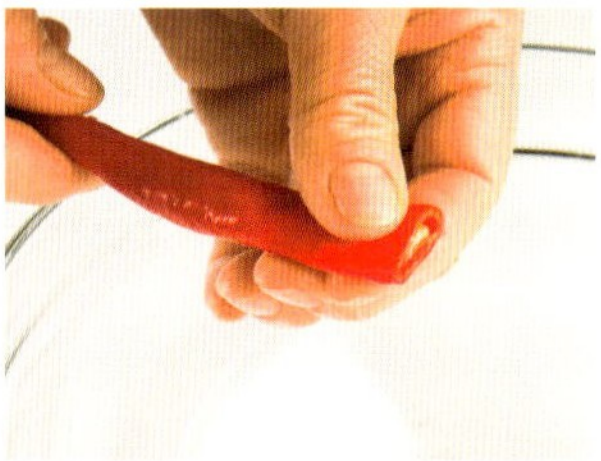

1

生唐辛子はへたを取ってもみほぐし、中の種を取り除いて小口切りにする。

2

大根は5㎜厚さの色紙切りに、白菜は大根と同じ大きさに切る。万能ねぎ、せりは2㎝長さに切る。にんにく、しょうがはせん切りにする。

3

2の大根と白菜をボウルに入れ、岩塩大さじ1をふって混ぜ、30分ほどおく。

4

ボウルにミネラルウォーターと粗びき粉唐辛子を入れて混ぜる。ペーパータオルを敷いたざるでこす。

5

4に2のにんにく、しょうが、岩塩大さじ1 1/2、砂糖を加えてよく混ぜて塩を溶かす。1と2の万能ねぎ、せりを加える。

6

3をさっと洗って絞り、5に加えて混ぜ、塩で味をととのえる。冷蔵庫で5日ほどよく冷やして器に盛る。

キムチでcooking

白菜キムチは炒めることで旨みが増すので、
いろいろな料理に使うことができます。
たくさん漬けた白菜キムチもこうして料理に使えば
あっという間になくなってしまいます。
意外と思われる食材の組み合わせや
キムチの食感を思う存分に楽しんでください。

キムチの辛さと歯ごたえがアクセント。
ソースでじっくり煮込んであるので、
ご飯がすすむボリュームのある一品です。

キムチハンバーグ

김치햄버그스테이크

●キムチヘムボグステイク

材料（4人分）

- 合いびき肉……400g
- 玉ねぎ（小）……1/2個
- 長ねぎ……1/2本
- にんじん……1/3本
- 白菜キムチ……150g
- 卵……2個
- 塩……少量
- 黒こしょう……少量
- パン粉……大さじ5
- ソース
  - 薄力粉……大さじ4
  - ウスターソース……大さじ4
  - ケチャップ……大さじ4
  - 牛だしの素（→p.161）……小さじ1
  - 玉ねぎ（すりおろし）……1/2個分
  - バター……20g
- サラダ油……小さじ1
- 付け合わせ：コーン（缶詰）・ブロッコリー（塩ゆで）・白菜キムチ（粗みじん切り）……各適量

柳さん直伝

おいしく作るコツ

この濃厚なハンバーグのソースは、息子が大好きでいつも楽しみにしていました。作り方のポイントは薄力粉を弱火でしっかり炒めること。こうすれば、ソースにだまができませんよ。

1

玉ねぎ、長ねぎ、にんじんはみじん切りにする。白菜キムチは汁気を軽く絞ってみじん切りにする。

2

ボウルに合いびき肉、**1**、卵、塩、黒こしょう、パン粉を入れる。粘りが出るまでしっかりと練る。

3

8等分してボール状にし、両手でキャッチボールをするようにやや強くたたきつけて空気を抜き、小判形にして真ん中にくぼみをつける。

4

フライパンにサラダ油を熱し、強火で**3**を焼く。焼き色がついたら返し、上から少し押さえて水分を出しながら焼く。

5

両面にしっかり焼き色がついたら、蓋をして弱めの中火で焼く。竹串を刺して、透明な肉汁が出てきたら火を止める。

6

別のフライパンを火にかけ、ソースの薄力粉を炒める。こんがりと焼き色がついたら取り出す。

◀次ページに続く

キムチハンバーグでアレンジレシピ

キムチハンバーガー

김치햄버거●キムチヘムボゴ

煮込む前のキムチハンバーグをバンズではさんでハンバーガーに。わが家でも、子どもたちが大好きです。トマトの輪切り、レタス、白菜キムチをいっしょにはさんで豪快にかぶりつきましょう。

7

6のフライパンに水 $\frac{1}{2}$ カップを入れ、ウスターソース、牛だしの素、ケチャップ、玉ねぎを加えて火にかける。

8

水1カップで6を溶き、7が沸騰したら2分ほど煮つめ、バターとともに加える。

9

5を加え、15分ほど弱めの中火で煮込む。

10

ソースがとろりとして、ハンバーグにソースがからんだら、ブロッコリーを加え、蓋をして温める。器に盛り、コーンとキムチを添える。

キムチ納豆

김치낫토 ● キムチナット

ねばねばの納豆と
キムチのシャキシャキとした
歯ごたえがベストバランス。
ご飯のお供にもお酒のおつまみにも。

材料（2人分）

- 白菜キムチ……50g
- 納豆……2パック
- すりごま……小さじ1
- だししょうゆ（納豆についているもの）……2袋
- ごま油……大さじ$\frac{1}{2}$
- 万能ねぎ（小口切り）……3本分

1 白菜キムチは汁気を軽く絞って、粗みじんに切る。

2 万能ねぎを少し残し、すべての材料を合わせてよく混ぜる。

3 器に盛り、残しておいた万能ねぎを散らす。

キムチ野菜炒め

치즈김치야채볶음 ● チジュキムチヤチェボックム

たっぷりの夏野菜もキムチと炒めて、
パパッと韓国風おかずに。
ベーコンとチーズのコクで
辛みがマイルドになります。

材料（4人分）

- パプリカ（赤・オレンジ・黄）……各$\frac{1}{2}$個
- グリーンアスパラガス（太め）……2本
- ズッキーニ……1本
- ベーコン（かたまり）……200g
- モッツァレッラチーズ……$\frac{1}{2}$個
- 白菜キムチ……200g
- オリゴ糖……大さじ1
- オリーブ油……大さじ2
- いりごま……適量

1 パプリカは2cm角に切る。グリーンアスパラガスははかまを取って3cm長さに切る。ズッキーニは1cm厚さの半月切りにする。ベーコンは2cm角に切る。白菜キムチは一口大に切る。モッツァレッラチーズは1cm角に切る。

2 フライパンにオリーブ油を熱し、1のキムチを汁ごと炒める。油が回ったら1のベーコンを加えて炒め、1の野菜を加えて汁気がなくなるまで炒める。

3 オリゴ糖を加えて炒め合わせ、いりごまを加えて混ぜる。器に盛り、温かいうちに1のモッツァレッラチーズを散らす。

キムチチャーハンでアレンジレシピ

キムチチャーハン

김치볶음밥 ●キムチポックムパプ

子どもから大人まで大好きな、
韓国でも人気のキムチ料理。
調味料はキムチと塩少しだけ。
酸味と旨みを存分に楽しめます。

材料（2人分）

- ご飯（温かいもの）…………360g
- 白菜キムチ……………………100g
- 玉ねぎ…………………………1/2個
- にんじん………………………40g
- パプリカ（赤・緑）………… 各1/4個
- 肉そぼろ（→p.25）※……大さじ3
- サラダ油……………………大さじ1
- バター…………………………15g
- 塩……………………………少量

※粗みじん切りにしたハムでもよい。

1 白菜キムチは汁気が多い場合は、軽く絞って粗く刻む。玉ねぎ、にんじん、パプリカは粗みじん切りにする。

2 フライパンにサラダ油を入れて熱し、1の玉ねぎ、にんじん、パプリカを入れて炒める。肉そぼろを加えて全体を炒め合わせ、一度皿に取り出す。

3 同じフライパンに1の白菜キムチとご飯を入れてほぐしながら炒め、バターを加える。ご飯にバターがからまったら、2を戻し入れ、混ぜ合わせる。塩で味をととのえる。

柳さん直伝

おいしく作るコツ

わが家の冷蔵庫にはいつも白菜キムチがあるので、残り野菜とご飯があればすぐに作れます。おいしさのポイントはバター。香りとコクが加わります。キムチの汁は絞りすぎないで。そうすれば、野菜やご飯にキムチの味をしっかりつけることができます。

キムチオムライス

김치오므라이스●キムチオムライス

薄焼き玉子でくるりと包んでケチャップをかけるだけ。お店のランチメニューでも大人気です。

キムチドリア

김치 도리아●キムチドリア

濃厚なホワイトソースと
チーズの味わいに、
ピリッと辛いキムチがきいてます。

材料（1人分）

- ご飯（温かいもの）…………180g
- 白菜キムチ……………………50g
- 玉ねぎ………………………$\frac{1}{4}$個
- にんじん …………………… 20g
- ハム（厚めのもの）…………$\frac{1}{2}$枚
- マッシュルーム………………2個
- ホワイトソース（缶詰）………75g
- スライスチーズ（とろけるタイプ）……………………………2枚
- オリーブ油 ……………大さじ$\frac{1}{2}$
- 塩…………………………… 少量
- 黒こしょう ………………… 少量

1 白菜キムチとハムは粗みじん切りにする。玉ねぎ、にんじんはみじん切りにする。マッシュルームは半分に切って薄切りにする。

2 フライパンにオリーブ油を熱し、マッシュルーム以外の**1**を入れて炒める。油が回ったらご飯を加えて炒め合わせ、塩と黒こしょうで味をととのえる。

3 ボウルにホワイトソースと**1**のマッシュルームを入れ、混ぜる。

4 耐熱皿に**2**を中央を高くして入れ、**3**をかけ、スライスチーズをのせる。焼き色がつくまでオーブントースターで焼く。

柳さん直伝

おいしく作るコツ

ご飯は中央をやや高めに盛るとふんわりと、見た目も美しく仕上がります。このレシピは料理研究家の娘が考えたもの。特に若い世代に好評です。意外かもしれませんが、キムチはホワイトソースやチーズととっても相性がいいんですよ。濃厚なホワイトソースもキムチの酸味でさっぱりいただけます。

キムチサンドイッチ

味のポイントはハニーマスタードソース。キムチとパンという意外な組み合わせをしっかりつなぎ留めます。

김치샌드위치

●キムチセンドゥウィチ

材料（1人分）

食パン（8枚切り）……………2枚
卵……………………………1個
塩……………………………少量
サラダ油……………………小さじ1
白菜キムチ…………………40g
ハム…………………………1枚
玉ねぎ………………………1/6個
スライスチーズ……………1枚
レタス………………………2枚
Ⓐ｛マスタード…………大さじ1
　｛はちみつ……………大さじ1
サラダ油……………………少量

1 卵は割りほぐし、塩を加えてとく。小さめのフライパンにサラダ油を熱し、卵を流し入れて焼く。パンの大きさに合わせて切る。白菜キムチは汁気を絞ってざく切りに、玉ねぎは薄切りにする。食パンは耳を切る。

2 Ⓐを合わせて、ハニーマスタードソースを作る。

3 食パン2枚の片面に2のソースを塗り、1枚にレタス、1の玉ねぎ、玉子焼きとキムチの順にのせ、2をかける。チーズ、ハムの順にのせ、もう1枚のパンを重ねる。半分に切って器に盛る。

柳さん直伝

おいしく作るコツ

サンドイッチにキムチ!?とびっくりされるかもしれませんが、意外と合うんですよ。それはパンに塗る、甘酸っぱいハニーマスタードソースのおかげ。はちみつの甘みとマスタードの酸味がいろいろな具材をひとつにまとめてくれます。このソースも娘のアイディア。若い人たちの新しい食べ方に感心します。

バターのコクがキムチの辛みをマイルドに。えごまの葉で巻いて食べると、あと味が爽やかです。

キムチ焼きおにぎり

김치주먹밥구이

● キムチジュモッパプクイ

材料（2個分）

ご飯（温かいもの）…茶碗2杯分
白菜キムチ……………………150g
Ⓐ ごま油…………………大さじ2
　 砂糖……………………小さじ1/2
　 いりごま………………小さじ1
バター…………………………5g
えごまの葉……………………4枚

1 白菜キムチはしっかり汁気を絞り、粗みじん切りにし、Ⓐを加えてよく混ぜる。

2 ご飯に1を混ぜ、三角形に握る。

3 フライパンにバターを熱し、中火で2の表面を焼き色がつくまで焼く。えごまの葉とともに器に盛る。

柳さん直伝

おいしく作るコツ

キムチ入りのおにぎりはコンビニでもよく見かけますね。おうちで作るなら、ぜひバターで焼いてください。バターの風味とコクがキムチと好相性で、いくつでも食べられます。のりの代わりにえごまの葉を2枚巻くと、より飽きのこない味になりますよ。

学校も、会社も休みになる!?
キムチ作りは一大イベント

キムチの誕生は意外に新しい!?

キムチは赤い。そうですね。でも真っ赤なキムチになったのは、わずか18世紀ごろのこと。16世紀末に唐辛子が日本から韓国に渡り、その後しばらくたってからなのです。それまでは唐辛子が使われていませんでした。キムチの祖先は約２０００年前。中国から朝鮮半島に伝わった、塩漬けし発酵した「菹（そ）」と呼ばれる漬けもの。当時は大根が主流でした。その後、酒粕、麹、穀物殻などで発酵させるものや、しょうゆ漬けにするものなど、野菜をさまざまな食品で漬ける方法が発達したそうです。キムチという名も、塩漬けの野菜が汁の中に沈むことから「沈菜（チムチェ）」と呼ばれ、それがティムチェ→チムチ→キムチと変化したそうです。

キムジャンキムチって何？

キムチには季節の野菜で作って長期保存をしない「季節キムチ」と、秋口に作って野菜の少ない冬の栄養源とする「キムジャンキムチ」があります。白菜キムチは後者のひとつ。キムジャンとは越冬用のキムチを作る行事のこと。11月中に1週間ほどかけて作るのですが、その味は地方によって違います。大きく分けると、北部は気温が比較的低いため、腐敗の心配がないので唐辛子や塩が少なめで、汁気が多く淡泊。南部は保存のために塩や魚醤が多めで、過度な発酵を防ぐため、にんにく、しょうが、唐辛子も多めに使うそう。またその家によって材料や分量が違うので、家の数だけキムチの味があるといいます。キムジャンは立冬前後に行われ、キムジャン市場が立ちます。漬ける白菜は、一家でなんと１００〜２００株。市場では山高く積まれ、唐辛子やあみの塩辛などキムジャンに使う材料もそろいます。学校によっては、キムジャン休暇を設けて学生が手伝えるようにし、会社によってはキムジャンボーナスとして、特別手当が支給されます。とにかく大がかりなので、ご近所や親類などとキムジャンの日が重ならないようにし、お互いに手伝い合ったそうです。

キムチ作りは清く、正しく、美しく!?

韓国では、物質をほかの物質に変えられるのは神様だけ。同じように発酵にも必ず神秘的な何かが加えられ、神の怒りを買うようなことがあれば、異変が起こってまずくなると信じられていました。

そのせいか、キムジャンキムチには厳しいルールがあったようです。キムチの材料を漬け込むとき、たとえば、

❶厄神と悪鬼のない吉日を選ぶ。
❷7日前から飲食や行動を慎み、沐浴して心身を清める。
❸喪中の家や不吉な出来事のある家、屠殺の現場やその近くに行ってはならない。
❹言い争ったり、泣いたりしてはならない。
❺不浄なものを見聞きしたり、喋った場合は目、耳、口を洗い清める。

などなど。

また塩漬けのときは特に注意が必要です。気持ちが不安定になるとキムチの出来が悪くなるので、夫や姑、夫の祖母など夫側の家族からできるだけストレスを受けないよう気をつけます。これには科学的な根拠があるそうです。立腹したり不機嫌だと塩分の血中濃度に異常が生じ、味覚を狂わせてしまうとか。

現在は以上のようなルールはありませんが、キムジャンキムチ作りが韓国人にとっていかに神聖で、重要な作業だったかということがわかります。

本ページにある図版2点は、四谷本店1階のキムチ博物館に展示されている絵画で、韓国のひと冬分のキムチを仕込む様子を描いたもの。（作品の一部分を使用）作者／李 瑞之（イソジ）所蔵／妻家房

温度管理が命

キムジャンキムチは5℃前後で温度変化なしに発酵、貯蔵すればずっとおいしく食べられます。温度変化を防ぐには、なんといっても冷蔵保存。ただひと冬分のキムチとなると相当な量ですから、冷蔵庫に入りません。そこで熱伝導を遮断する「土」がキーとなります。まずキムチを保存する陶器の甕（かめ）。土で作る陶器は一定温度を維持するのに向いています。また、わずかながら空気を通すことができるので、微生物の活動の妨げにもなりません。そしてこの甕を地中に埋め、藁（わら）をかぶせて温度の低下を防ぎました。

現在は気候の変化が激しいため、また住宅事情によって埋めることはほとんどありません。

キムチ博物館のショーケースに展示されているキムチを漬ける様子を再現したミニチュア人形。かつてのキムチ作りが手にとるようにわかる。

キムチ冷蔵庫の謎

さて、では現在はどのように保存しているのでしょうか。昔のようにひと冬分を漬けず、量が少なめなので、キムチ専用の冷蔵庫に保存します。この冷蔵庫に保存すると、味が変わらず、4か月はおいしくいただけます。その秘密は……、冷蔵庫は通常、一定間隔で冷却を反復するため、庫内の温度差が大きく、キムチを1週間ほど保存すると味が変化してしまいます。また、開閉時にも冷気が逃げ、温かい空気が入ってしまいます。その点キムチ冷蔵庫は、引き出し式、または上部開閉式で冷気が逃げずに庫内を一定の温度で保てる構造です。この冷蔵庫、最近は果物や野菜なども凍結せず、新鮮なまま長期保存が可能なタイプが主流で、家庭での必需品になっています。

参考資料 ：『絶品キムチ早わかり』（創森社）、『キムチの国』（千早書房）、『韓国料理文化史』、『キムチ百科』（ともに平凡社）

あこがれの味が作れる

鍋《チゲ》&スープ

韓国料理といえばチゲ！
素材の旨みをヤンニョンが引き出して
鍋もスープも、お店のあの味に！
おいしいチゲやスープの味は
おうちでは出せないと
思われるかもしれませんが、
ちゃーんと作れるんですよ。
自慢できるおいしさです。

PART5

鍋 찌개《チゲ》

キムチ鍋

김치찌개 ● キムチチゲ

発酵キムチが旨みの素。
奥深い旨みが肉や野菜にしみたピリ辛鍋は、
寒いときはもちろん、真夏でも汗をかきながら召し上がれ。

材料（4人分）

- 白菜キムチ……500g
- 豚ばら薄切り肉[※1]……200g
- 豆腐（木綿）……½丁
- えのきたけ……½袋
- 長ねぎ（青い部分を含む）……½本
- 玉ねぎ……½個
- 韓国もち[※2] （→p.159）……100g
- Ⓐ
  - みりん……大さじ1
  - しょうゆ……大さじ1
  - にんにく（すりおろし）……大さじ½
- Ⓑ
  - 粗びき粉唐辛子……大さじ1
  - 黒こしょう……少量
- 牛だしの素 （→p.161）……大さじ½
- サラダ油……大さじ1

※1　できればスーパーなどの薄切りよりやや厚い、5㎜厚さのもの。精肉店で注文するとよい。
※2　丸くて平たいタイプの韓国もちがよい。

1

韓国もちは水に10分ほどつけてもどす。

2

えのきたけは根元を切り、長さを半分に切る。長ねぎは5㎜幅の斜め切りに、玉ねぎも5㎜幅に、豆腐は1㎝幅に切る。白菜キムチは水気を軽く絞って、5㎝長さに切る。絞り汁はとっておく。

3

豚ばら薄切り肉は長さを3等分に切る。土鍋に入れ、サラダ油とⒶを加え、からめる。

4

強火にかけて炒める。肉の色が変わったら、Ⓑをふり、2の白菜キムチを加え、しっかり炒める。

5

牛だしの素と水3カップ、キムチの絞り汁を加える。1と2の野菜と豆腐を加え、蓋をして沸騰するまで煮る。

6

ときどき汁をかけながら、野菜がしんなりするまで煮る。

柳さん直伝

おいしく作るコツ

キムチ人気のせいか、お店でもキムチチゲを注文されるお客さまの多いこと。キムチは古漬けをたっぷり使うことがポイントですよ。よく発酵して酸っぱいけど、旨みがしっかり増しているので、最初によく炒めると酸味が抜けて、旨みがぎゅっと凝縮します。キムチの絞り汁も旨みの宝庫。忘れずに加えてください。

鍋ものには発酵した白菜キムチを

白菜キムチは熟成、発酵によってビタミンや乳酸菌が増え、これが旨みの素となります。時間をかけてよく発酵したキムチは酸味がありますが、旨みもたっぷり。鍋料理にこのキムチを使うと、スープもぐっとおいしくなり、一緒に煮込む野菜にも旨みがしみ込みます。

軍隊で生まれたソーセージ鍋。
家庭では野菜を彩りよく数種そろえ、
バランスよく作ります。
スープを吸ったラーメンが意外なおいしさ。

スパムと野菜の鍋

부대찌개 ●プデチゲ

材料（4人分）

スパム®※（→p.159。1cm幅に切る）	100g
ソーセージ（斜め半分に切る）	4本分
豚ばら薄切り肉（5cm長さに切る）	100g
白菜キムチ（大きければ半分に切る）	150g
キャベツ	60g
玉ねぎ	¼個
長ねぎ（青い部分を含む）	½本
しいたけ	3個
えのきたけ	40g
三つ葉	½束
ラーメン（乾麺）	½袋
タデギ（→p.69）	大さじ2
牛だしの素（→p.161）	大さじ1
卵	1個

※一般名称はポークランチョンミート。

柳さん直伝

おいしく作るコツ

スパムやソーセージなど肉加工品はいたみにくいので、軍隊でよく使われます。材料に特に決まりはないから、日本のちゃんこ鍋みたいに、部隊（プデ）によって入れるものが違ったりするそうです。必ず入るものはラーメンくらいかしらね。肉はだしが出やすいように真ん中に置いてください。韓国もちを入れてもおいしいですよ。

1

キャベツはざく切りに、長ねぎは斜め薄切りにする。玉ねぎとしいたけは5mm幅に切り、三つ葉は5cm長さに切る。えのきたけは根元を切っておく。

2

平たい大きめの鍋の中央にタデギを入れ、その上に豚ばら薄切り肉をのせる。まわりにスパムとソーセージ、白菜キムチ、三つ葉以外の**1**を並べる。

3

ラーメンをのせ、牛だしの素を湯2½カップで溶いて加え、強火にかける。

4

沸騰して野菜がややしんなりしたら、ラーメンをほぐす。

5

中央に**1**の三つ葉をのせ、その上に卵を割り入れて火を止める。食べるときに卵をくずす。

豚の背骨肉でとるスープが絶品のじゃがいも鍋。えごまの粉と葉をたっぷり入れて、さらにコクがアップします。

豚肉とじゃがいもの鍋

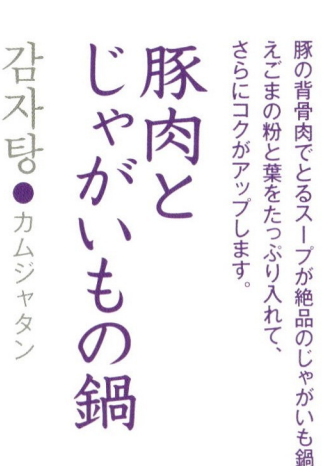

감자탕●カムジャタン

材料（4人分）

豚骨つき背肉※……約1kg

❹ 長ねぎ（青い部分。ぶつ切り）……1本分
　 にんにく……3片
　 しょうが（薄切り）……1かけ分

じゃがいも（大）……2個

白菜……1/4株

えごまの葉（1cm幅に切る）……4枚分

❺ 韓国みそ（→p.160）……大さじ2
　 粗びき粉唐辛子……大さじ1

えごまの粉（→p.161）……大さじ3

岩塩……適量

※背骨部分の肉。精肉店で適宜カットしてもらう。

1

豚骨つき背肉は水に浸して、3回ほど水を替えながら約1時間血抜きをする。鍋に❹と水2ℓとともに入れ、強火にかける。あくをすくいながら中火で約1時間半煮る。

2

えごまの粉は水大さじ2で溶く。じゃがいもは4等分する。白菜はさっとゆでて軽く水気を絞り、縦に2〜3等分に裂く。

3

1のスープから骨つき肉を取り出し、ペーパータオルを敷いたざるで平たい鍋にこし入れる。骨つき肉を戻し入れて❺を加え、強火にかける。

4

沸騰したら、2のじゃがいもを加え、中央に2の白菜を加えて蓋をする。

5

再び沸騰したら、2のえごまの粉を加えて全体にいきわたるよう、えごまの粉の上にスープをかける。

6

じゃがいもが柔らかくなったら、岩塩で味をととのえる。えごまの葉を加えて火を止める。

柳さん直伝

おいしく作るコツ

カムジャはじゃがいもだから、この料理はじゃがいも鍋なのですが、実はスープが主役。必ず豚の背骨肉でとったコク深いスープを使うんですよ。濃厚なイメージですが、血抜きをし、あくをていねいに取って作るので、コクがありながらさらっとしています。スープをとったあとの骨も一緒に煮て、まわりに薄くついた肉も残らずいただきます。

kitchen time
kitchen time

スンドゥブ

순두부찌개●スンドゥブチゲ

日本でも人気の「スンドゥブ（純豆腐）」は、ふわふわのおぼろ豆腐がやさしい口あたり。旨みの濃い海鮮スープは豆腐と一緒に最後まで残さずいただけます。ピリ辛味と塩味の2種類をご紹介します。

1

あさりは3%の塩水に30分ほどつけて砂を吐かせる。土鍋にえび、あさり、帆立貝柱を入れる。

2

Ⓐと水2カップを加えて火にかける。温まったらタデギを加える。

3

沸騰したら、おぼろ豆腐を加える。

4

長ねぎをのせ、卵を割り入れる。ひと煮立ちしたら火を止める。

ピリ辛味の材料（2人分）

	おぼろ豆腐※	1パック
	えび（小。むき身）	4尾
	あさり（殻つき）	2個
	帆立貝柱	2個
Ⓐ	にんにく（すりおろし）	大さじ1½
Ⓐ	あみの塩辛（→p.158）	小さじ2
Ⓐ	牛だしの素（→p.161）	小さじ1
	タデギ（→p.69）	大さじ2
	卵	1個
	長ねぎ（小口切り）	適量

※絹ごし豆腐1丁でもよい。

タデギを入れずにもうひと味！ 塩味のスンドゥブ

ピリ辛味の材料からタデギを除くだけで、海鮮の旨みが際立つ穏やかな塩味のスンドゥブに。万能しょうゆだれ（→p.68）を添え、好みの量を加えていただきます。

柳さん直伝

おいしく作るコツ

「スンドゥブ（純豆腐）」は、日本でも専門店ができるほどになりました。お店でもフェアをしたら、大変好評でした。簡単に作れて体が温まるので、家庭でもぜひ作ってみてください。おぼろ豆腐の代わりに絹ごし豆腐でも作れますよ。塩味はタデギを入れず、さっぱりと仕上げます。塩味には万能しょうゆだれを添えます。

塩味
ピリ辛味

おからの鍋

콩비지찌개

●コンビジチゲ

たっぷりのおからが入った、
素朴でやさしい味わいの鍋。
おから特有のコクが
キムチと好相性で、クセになります。
食物繊維たっぷりで
デトックス効果も抜群。

材料（3～4人分）

おから……………………………………150g
豚ばら薄切り肉…………………………200g
白菜キムチ………………………………200g
Ⓐ
- 粗びき粉唐辛子………………大さじ2
- にんにく（すりおろし）………大さじ1
- 牛だしの素（→p.161）………大さじ1

長ねぎ（青い部分を含む。小口切り）
………………………………………1/2本分
サラダ油…………………………大さじ1

1 白菜キムチは1cm幅に切る。豚ばら薄切り肉は1.5cm幅に切る。

2 鍋にサラダ油を熱し、**1**を強火で炒める。油が回ったらⒶを加えて、混ぜながら炒める。

3 おからを加えて全体によく炒め合わせる。

4 水4カップを加えて沸騰したら中火にし、蓋をして約10分煮る。長ねぎを加え、火を止める。

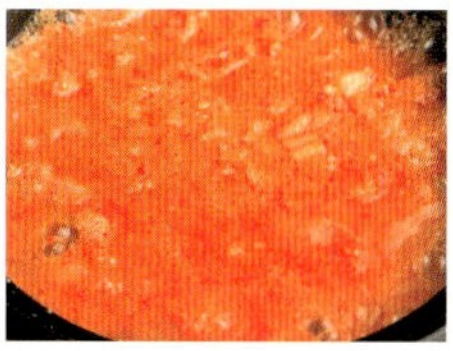

柳さん直伝

おいしく作るコツ

このチゲはみんなで囲むというより、おかずの一品としてスープのようにいただきます。体にもいいですし、チゲにすると食べやすく、私も大好き！　豚肉の代わりに、あさりやいかなどの海鮮でもいいですし、わたと頭を取って刻んだ煮干しでもおいしいだしが出ます。キムチも豚肉も、おからと一緒に食べやすいように、やや小さめに切ってください。

豆腐のピリ辛鍋

두부찌개 ● ドゥブチゲ

肉が入らない
豆腐と野菜のあっさり鍋は、
簡単ですぐに作れる優秀レシピ。
スープを吸ったあつあつの豆腐を食べると、
すぐに体が温まります。

材料（2～3人分）

豆腐（木綿）……………………………1丁
ズッキーニ ……………………………$\frac{1}{2}$本
玉ねぎ……………………………………$\frac{1}{4}$個
長ねぎ（青い部分を含む）……………$\frac{1}{2}$本
生唐辛子（赤・青）……………………各1本

Ⓐ
しょうゆ …………………………大さじ2
粗びき粉唐辛子……………大さじ$1\frac{1}{2}$
ごま油……………………………大さじ1
コチュジャン ……………………大さじ1
にんにく（すりおろし）………大さじ$\frac{1}{2}$
すりごま …………………………大さじ$\frac{1}{2}$
牛だしの素（→p.161）………小さじ1

1 豆腐は1cm幅に切る。ズッキーニは1cm幅の半月切りに、長ねぎと生唐辛子は斜め薄切りにする。玉ねぎは1cm幅に切る。

2 Ⓐを合わせて混ぜる。

3 鍋に**1**のズッキーニを敷き、玉ねぎ、生唐辛子を入れ、豆腐を並べ、**2**を大さじ2ほどかける。

4 **1**の長ねぎをのせ、残りの**2**をかける。鍋の縁から水$1\frac{1}{2}$カップを注いで強火にかける。

5 沸いたら弱火にし、汁をかけながら煮る。野菜がしんなりし、豆腐がふっくらしたら火を止める。

柳さん直伝　おいしく作るコツ

野菜がたっぷり入った豆腐の鍋は、冬の定番鍋。肉や海鮮を入れないので、あっさりしていて、いくらでも食べられます。万能しょうゆだれの作り置きがあれば、大さじ2とコチュジャン大さじ$\frac{1}{2}$、牛だしの素小さじ1、粗びき粉唐辛子小さじ1を加えたものでも作れますよ。

肉と海鮮、両方からのだしで格別のおいしさ。マイルドな辛みで子どもでも食べられます。シメはご飯を加えてリゾット風に。

牛肉といかの鍋

소고기오징어불고기

●ソコギオジンオプルコギ

材料（4人分）

牛もも薄切り肉		300g
Ⓐ	しょうゆ	大さじ3
	なしの絞り汁	大さじ3
	砂糖	大さじ1
	ごま油	大さじ1
	にんにく（すりおろし）	大さじ1
	すりごま	大さじ1
	みりん	大さじ1
	オリゴ糖	大さじ1
	黒こしょう	適量
するめいか（さばいたもの）		1ぱい
長ねぎ（青い部分を含む）		$\frac{1}{2}$本
玉ねぎ		$\frac{1}{4}$個
えのきたけ		40g
しいたけ		3枚
パプリカ（赤）		少量
春菊（葉のみ）		20g
韓国春雨（→p.159）		30g
スープ※		$2\frac{1}{2}$カップ
タデギ（→p.69）		大さじ2

※水2カップに牛だしの素大さじ$\frac{1}{2}$と香味野菜（にんにく、しょうが、長ねぎの青い部分など）を加えて沸騰させたもの。牛テールスープ（→p.126）でもよい。

1

牛もも薄切り肉は食べやすい大きさに手で裂いておく。Ⓐを合わせてよく混ぜる。

2

1の牛肉にⒶを加え、しっかりもみ込んで1時間ほどおく。

3

長ねぎは1cm幅の斜め切りにする。玉ねぎは7mm幅に切る。えのきたけは根元を切り落とす。しいたけとパプリカは5mm幅に切る。韓国春雨はぬるま湯に30分ほどつけてもどす。

4

するめいかは足は長ければ半分に、えんぺらは細切りにする。胴は縦半分に切って5mm間隔で斜め格子に切り目を入れてから、1cm幅に切る。

5

平たい鍋の中央にタデギを入れ、まわりを囲むように2、4、パプリカ以外の3を並べる。スープを注いで蓋をし、強火にかける。

6

沸騰したら牛肉をほぐし、春菊と3のパプリカをのせてひと煮立ちしたら火を止める。

鍋のシメはこれ！

堅めのご飯を加えて、リゾット風に。とき卵を回し入れて混ぜ、ごま油を加えて混ぜます。最後に万能ねぎの小口切りをふり、焦がさないように混ぜていただきます。

柳さん直伝

おいしく作るコツ

韓国では牛肉と水だこの鍋が定番。大変人気がありますが、日本では地方によっては水だこが手に入りにくいので、するめいかで作ってください。粗びきの粉唐辛子をにんにくやしょうがとともに油で炒めて作る「タデギ」は、鍋やスープに使う保存調味料。1か月ほど保存できるので多めに作っても。油で炒めているので、辛みもマイルドです。

スープ 국《クッ》

牛すね肉のスープ

육개장●ユッケジャン

滋味深いスープは、作るのに時間がかかりますが
でき上がりは感動のおいしさ。
スープをとったあとの牛肉は
冷麺やスープの具に、使い回せます。

材料（4人分）

- 牛すねかたまり肉……700g
- もやし……⅔袋
- Ⓐ
  - すりごま……小さじ1
  - ごま油……小さじ1
  - 塩・にんにく（すりおろし）……各少量
- ぜんまい（水煮）……80g
- Ⓑ
  - しょうゆ……大さじ1
  - ごま油……小さじ1
  - すりごま……小さじ1
  - 牛だしの素（→p.161）・にんにく（すりおろし）……各少量
- 長ねぎ（青い部分を含む）……1½本
- 玉ねぎ……¼個
- Ⓒ
  - 牛だしの素（→p.161）……大さじ½
  - タデギ（→p.69）……大さじ2
- にんにく（すりおろし）……大さじ1½
- 岩塩……小さじ2
- 黒こしょう……少量

柳さん直伝

おいしく作るコツ

時間をかけてスープをとり、野菜に下味をつけて作るので、時間も手間もかかります。でも、体にじんわりしみわたるおいしいでき上がりには家族も私も大変満足して、また作りたくなってしまうんですよ。ゆでたうどんを入れてもおいしくいただけます。

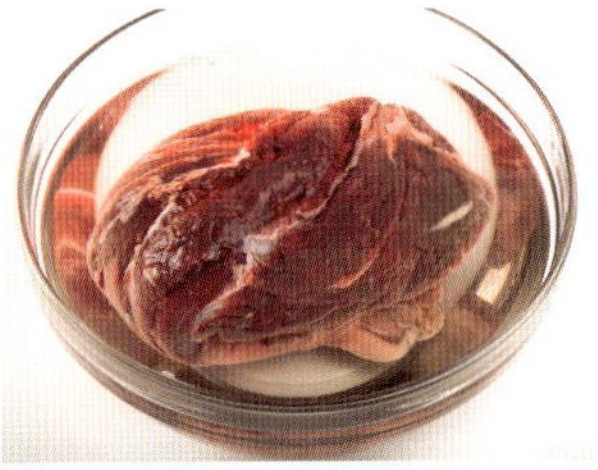

1

牛すねかたまり肉はよく洗って、水を3回ほど替えながら1時間ほど血抜きする。

2

鍋に1と水2.5ℓを入れて強火にかけ、**沸騰したら弱火**にして1時間半ほど煮る。あくが出たらすくう。

3

もやしはひげ根を取り、熱湯でゆでる。ざるに上げ、水気を絞ってⒶを加えて手でよく混ぜる。ぜんまいは水気を絞ってⒷを加えて手でよく混ぜる。

4

長ねぎは5cm長さに切り、縦に4等分にする。**青い部分はよく洗って内側のぬめりを取る**。玉ねぎは7mm幅に切る。

5

2の肉300gは、厚みを半分にして5mm幅に切る。**筋の部分を断つように**切ると食べやすい。残りは保存し、冷麺などに使う。

6

ざるにペーパータオルを敷き、2のスープを鍋にこし入れる。Ⓒを加えて強火にかける。

7

3のぜんまい、4、5を加え、沸騰したらにんにくを入れ、中火で野菜が柔らかくなるまで煮る。

8

岩塩を加えて溶かし、3のもやしを入れ、黒こしょうで味をととのえる。沸いたら火を止めて器に盛る。

牛テールスープ

곰탕●コムタン

旨みが凝縮した白濁スープは、疲労回復に効果的。
大根キムチ、岩塩などで
お好みの味つけをしながらいただきます。

材料（4人分）

- 牛テール※……1kg
- 牛骨※……1kg
- 長ねぎ（小口切り）……適量
- 岩塩……適量
- 大根キムチ（→p.97。あれば）……適量

※精肉店で適宜切ってもらう。

柳さん直伝

おいしく作るコツ

ユッケジャンスープと同じく時間はかかりますが、火にかけっぱなしでいいので、時間のあるときにおすすめです。牛テールや牛骨は家庭では切れないので、精肉店で切ってもらってください。このスープには大根キムチを合わせるのが定番。最初はスープをそのまま飲んでから、大根キムチを入れて辛くして食べるとまた違った味わいですよ。好みでこしょうもどうぞ。

1

牛テールと牛骨はよく洗い、それぞれ水を3回ほど替えながら、約1時間血抜きする。

2

大鍋に**1**を水気をきって入れ、水4.5ℓを注ぎ、強火にかける。

3

沸騰したら弱めの中火にし、肉が骨からはずれるほど柔らかくなるまで、3時間ほど煮る。あくはすくわない。

4

牛テールと牛骨をすべて取り出す。

5

粗熱がとれたら鍋ごと一晩冷蔵庫に入れて固まった脂を取り除く。すぐに使いたいときは、浮いている脂を取り除く。

6

スープと**4**の牛テールを温め、器に盛る。岩塩、長ねぎと大根キムチを添える。

白菜の豆みそスープ

된장국●テンジャンクッ

刻んだ煮干しを具として、
そのままいただく
みそ汁のようなスープ。
にんにくや生唐辛子が
入るところが、韓国ならでは。

材料（2人分）

白菜……150g
長ねぎ（青い部分を含む）……1/2本
生唐辛子（赤・青）……各1/2本
煮干し……10g
韓国みそ（→p.160）……大さじ1
にんにく（すりおろし）……大さじ1/2
牛だしの素（→p.161）……大さじ1/4

1 白菜は縦に包丁を入れて食べやすい大きさにそぐように切る。

2 長ねぎは斜め薄切りに、生唐辛子は種ごと小口切りにする。煮干しは頭とわたを取り除き、細かく刻む。

3 深めのフライパンか鍋に水2カップ、2の煮干しを入れて強火にかけ、韓国みそを溶き入れる。牛だしの素と1も加える。

4 沸騰したら中火にし、2の長ねぎ、にんにくを加える。長ねぎが柔らかくなったら、2の生唐辛子を加えて火を止め、器に盛る。

柳さん直伝

おいしく作るコツ

日本のみそ汁と同じで、どんな具で作ってもかまいません。私はほうれん草や小松菜でもよく作ります。韓国のみそは豆みそだから、沸かしても風味が落ちないので最初から入れても大丈夫。具にみその味がしみておいしくなります。煮干しは食べやすいように細かく刻みます。だしをとらなくていいので、お鍋ひとつでできますよ。

干だらと大根のスープ

북어국●プゴクッ

韓国で魚のスープといえば干（ひ）だら。だしの出たスープはやさしい味わいで、どんなおかずとも好相性。

柳さん直伝

おいしく作るコツ

干だらは魚の乾物として古くから韓国で使われてきました。栄養価が高いので、病み上がりの体力回復にもどうぞ。だしをとったあとは具としてそのまま食べるので、小さく裂きましょう。小さく裂いた干だらは、コチュジャンで和えるとおつまみにもなりますよ。

材料（4人分）

干だら（→p.158）		35g
大根		100g
豆腐（木綿）		1/4丁
長ねぎ		1/2本
万能ねぎ		10g
とき卵		1個分
にんにく（すりおろし）		大さじ1/4
ごま油		大さじ1
Ⓐ	薄口しょうゆ	大さじ1/2
Ⓐ	牛だしの素（→p.161）	大さじ1/4
Ⓐ	塩	小さじ1
黒こしょう		少量

1 干だらは水でさっと洗ってよく絞り、食べやすいように小さめに裂く。

2 大根は5㎜厚さの色紙切りにする。豆腐は2㎝角に切る。長ねぎは小口切りにする。万能ねぎは1㎝長さに切る。

3 深めのフライパンか鍋にごま油を熱し、1を強火で炒める。全体に油が回ったら2の大根とにんにくを加え、ざっくりと混ぜる。

4 水3 1/2カップを加え、沸騰した状態で大根が柔らかくなるまで煮る。Ⓐを加え、10分ほど煮る。

5 2の豆腐を加え、再び沸騰したら長ねぎを加える。とき卵はスプーンでひとさじずつぶくぶくと沸いているところに置くように加える。

6 2の万能ねぎを加え、黒こしょうをふって火を止め、器に盛る。

わかめスープ

미역국 ● ミヨックッ

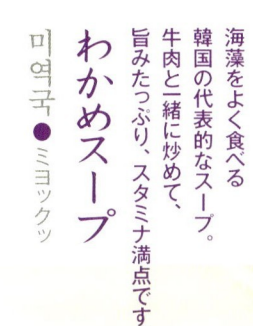

海藻をよく食べる韓国の代表的なスープ。牛肉と一緒に炒めて、旨みたっぷり、スタミナ満点です。

1 わかめは水でもどしてよく洗い、軽く水気を絞って刻む。

2 牛ももかたまり肉は細切りにする。

3 鍋にごま油を熱し、強火で1と2を炒める。

4 肉の色が変わったら、水2½カップとⒶを加えて沸騰するまで煮る。

5 塩で味をととのえ、器に盛る。

材料（2人分）

- わかめ（乾燥）……………………10g
- 牛ももかたまり肉※……………75g
- Ⓐ
  - にんにく（すりおろし）……………………小さじ½
  - 牛だしの素（→p.161）……………………大さじ¼
- 塩……………………………小さじ¼
- ごま油…………………………大さじ½

※薄切り肉でもよい。

もやしスープ

콩나물국 ● コンナムルクッ

栄養価の高い豆もやしは、大豆独特の旨みがあり韓国料理によく使われます。あっさりしたスープに豆の風味が漂います。

材料（2人分）

- 豆もやし……………………………150g
- 長ねぎ……………………………¼本
- 昆布…………………………………5g
- 煮干し………………………………10g
- Ⓐ
  - にんにく（すりおろし）……………………大さじ½
  - 塩……………………小さじ1
  - 薄口しょうゆ………大さじ½
- 生唐辛子（赤・青。小口切り）……………………………各少量

1 豆もやしはひげ根を取り除く。長ねぎは斜め薄切りにする。煮干しは頭とわたを取る。

2 鍋に水3½カップ、昆布、1の煮干しを入れ強火にかける。沸騰したら中火にし、約10分煮る。ペーパータオルを敷いたざるで別の鍋にこし入れる。昆布は細く切る。

3 2の鍋を火にかけ、沸騰したら1の豆もやしを入れて豆臭さが取れるまで煮る。2の昆布、長ねぎ、Ⓐを加えて沸騰するまで煮る。

4 生唐辛子を加えて火を止め、器に盛る。

キムチスープ

김치국 ● キムチクッ

肉類を入れず、キムチの旨みだけですっきり仕上げました。キムチの爽やかな酸味と辛みはやみつきに。

材料（2人分）

白菜キムチ……………………………150g
豆もやし………………………………50g
長ねぎ…………………………………$\frac{1}{3}$本
にんにく（すりおろし）……………大さじ$\frac{1}{2}$
だし汁（下記）………………………$2\frac{1}{2}$カップ
生唐辛子（赤・青。小口切り）……各少量

1 白菜キムチは汁気を軽く絞って1㎝幅に切る。絞り汁はとっておく。

2 長ねぎは斜め薄切りにする。豆もやしはひげ根を取る。

3 鍋にだし汁と1の白菜キムチを入れて火にかけ、沸騰したら2の豆もやしを入れて煮立てる。

4 再び沸騰したら2の長ねぎとにんにくを加える。味をみて薄ければとっておいたキムチの絞り汁を加える。

5 煮立ったら生唐辛子を加えて火を止め、器に盛る。

だし汁のとり方

材料（約2.7ℓ分）

煮干し…………………………………30g
昆布……………………………………10g
水………………………………………3ℓ

作り方

❶鍋に材料をすべて入れ、強火にかける。沸いた状態で10分ほど保つ。
❷ざるにペーパータオルを敷いてこす。

柳さん直伝

おいしく作るコツ

白菜キムチは少し発酵が進んで酸味の出たものを使うとおいしくできますよ。キムチの絞り汁で味をととのえますが、もしたりなければ塩を加えてください。うどんやご飯を入れるのもおすすめです。

教えて！柳さん

五味五色で元気になる

東洋には、食事によって体を整える「医食同源」、食事がクスリになる「薬食同源」という考え方があります。韓国では今でもこの考え方が毎日の生活に根づいていて、私も母や祖母が家族の健康を考えて料理をしてくれていたから、自然と心がけるようになりました。

韓国の食をいちばんわかりやすく表す「五味五色（ごみごしょく）」という言葉があります。これは東洋の思想、陰陽五行説に基づくもの。この説はすべてのものを陰と陽に分けるという考え方に加え、すべてのものを木、火、土、金、水の五行に当てはめます。そしてそれぞれがバランスよく存在したときに滞ることなく、無限の流転を繰り返すという理論です。

色と味もこの分類に当てはめられ、木は青・酸味、火は赤・苦み、土は白・甘み、金は黒・辛み、水は黄・塩味。料理を作るときに、これらの色と味をバランスよく組み合わせることで、健康が保たれるといわれています。ちょっと難しく聞こえますが、実際はあまり細かく覚えて実行するというより、彩りよく、味つけが重ならないようにすることで、自然と五味五色の考え方に近づくことができます。今回この本のスタッフの皆さん、連日連夜の撮影スケジュールのなか、健康でがんばれたのは、韓国料理のパワーかもしれませんよ。

1歳のお誕生日に着るチマ・チョゴリ（男性用はパジ・チョゴリ）。韓国では1歳を盛大に祝う風習がある。邪気を払って長寿を祝う意味で、五行説に基づく鮮やかな色を組み合わせたものが伝統的なチマ・チョゴリで、セットン（＝彩り。カラフルな伝統的な配列）チョゴリと呼ぶ。五色が身を守ると考えられ、暮らしのあちこちに取り入れられている。

一品で大満足！

麺&ご飯

お隣の国だけあって、
うどんやそうめんを使ったり、
炊き込みご飯やのり巻きなど
日本でもなじみの料理や、
よく似た料理があります。
ただ、味はしっかり韓国。
新しいおいしさに出会えますよ。
体にやさしいおかゆも豊富です。

PART 6

麺 면 ミョン

しこしことしたコシの強さが特徴の冷麺。
牛肉でとったスープは
あっさりしたなかにもコクがあり、
麺や具を見事に引き立ててくれます。

冷麺

냉면●ネンミョン

材料（1人分）

冷麺（乾麺）	120g
牛すね肉のスープ※1	$1\frac{1}{2}$カップ
牛すね肉のゆでたもの※1	30g
ゆで玉子	$\frac{1}{2}$個
なし※2（7mm厚さの半月切り）	2枚
白菜キムチ	適量
練り芥子（好みで）	適量
酢（好みで）	適量

※1　スープは125ページ作り方1、2、6を参照して作る。水キムチの汁でもよい。牛すね肉は作り方1、2、5を参照して作る。
※2　洋なしや缶詰でもよい。

柳さん直伝

おいしく作るコツ

スープをとるのは時間がかかりますが、あっさりしたなかにもコクのあるクリアなスープは絶品。スープの代わりに、水キムチの汁でもおいしいですよ。水キムチの汁はほんのり辛くてほどよい酸味があり、さっぱりと食べられます。麺はよくよく洗ってぬめりを取ると、麺どうしがくっつかず、のどごしよくいただけます。

1

牛すね肉のゆでたものは5mm幅に切る。ゆで玉子は7mm幅の輪切りにする。白菜キムチは食べやすい大きさに切る。

2

深めのフライパンか鍋にたっぷりの湯を沸かして冷麺をゆでる。差し水をしながら袋の表示時間どおりにゆでる。

3

2をざるに上げて湯をきり、流水でよくもみ洗いしてぬめりを取る。水が濁らなくなったら、ざるに上げて水気をきる。

4

冷麺をくるくると巻き、ひとまとまりにして器に盛る。

5

1のキムチ、なし、1の牛すね肉、ゆで玉子の順にのせ、くずれないように脇からそっとスープを注ぐ。好みで練り芥子と酢を添える。

おいしく食べるために

麺が長くて食べにくいので、キッチンばさみで食べやすい長さに切り、ほぐして食べてください。スープはよく冷やしておくとおいしいですよ。

ピリ辛和え麺

비빔소면●ビビンソミョン

コクのあるコチュジャンベースのたれをしっかりからめた旨辛い麺。食欲を落としがちな夏も、もりもり食べられます。

1

牛もも薄切り肉は3cm長さの細切り、きゅうりは縦半分に切って斜め薄切りにする。しいたけは石づきを切り落とし薄切りにする。

2

フライパンにごま油小さじ1を熱し、1の牛肉とにんにくを入れて炒める。牛肉の色が変わったら、1のしいたけとしょうゆを加えて炒め混ぜ、長ねぎを加えてさっと炒め合わせる。

3

ボウルに1のきゅうりとⒶを入れて和える。そうめんは表示時間どおりにゆで、流水で洗って水気をしっかりきり、ごま油大さじ1をからめる。

4

ボウルにⒷを入れて混ぜ、3のそうめんを加えて麺1本1本にヤンニョンがからむように和える。2と3のきゅうりを加えて和え、器に盛って薄焼き玉子の細切りを飾る。

材料（2人分）

	そうめん（乾麺）	240g
	牛もも薄切り肉	40g
	きゅうり	1/2本
	しいたけ	2個
	ごま油	大さじ1 1/3
	にんにく（すりおろし）	小さじ1/2
	長ねぎ（みじん切り）	大さじ1
	しょうゆ	小さじ1
Ⓐ	粗びき粉唐辛子	小さじ1
Ⓐ	にんにく（すりおろし）	小さじ1/2
Ⓐ	ごま油	小さじ1/4
Ⓐ	塩	少量
Ⓑ	コチュジャン	大さじ1
Ⓑ	砂糖	大さじ1/2
Ⓑ	ごま油	大さじ1/2
Ⓑ	粗びき粉唐辛子	小さじ1
Ⓑ	にんにく（すりおろし）	小さじ1/2
Ⓑ	いりごま	小さじ1/2
Ⓑ	長ねぎ（みじん切り）	大さじ1 1/2
	薄焼き玉子（細切り）※	少量

※フライパンにサラダ油少量を温め、とき卵1個分を流し入れて薄焼き玉子を作り、細く切る。

柳さん直伝

おいしく作るコツ

ヤンニョンで和えて食べるので、ビビン（混ぜる）ソミョンといいます。麺にしっかりたれをからめるのがポイント。そのために、そうめんの水気はきちんときりましょう。麺がくっついてしまうときは、キムチの汁を少量入れるとほぐしやすいですよ。食べるときは、キッチンばさみで食べやすく切っていただきます。コシのある麺が好きなかたは、冷麺用の麺がおすすめです。

あさりうどん

칼국수 ● カルグッス

あさりから出るほどよい塩分と
旨みがほっとするおいしさ。
スープに麺と野菜を入れて煮込むので、
やわらかい食感で
やさしい味わいになります。

材料（2人分）
稲庭うどん（乾麺）…………200 g
あさり（殻つき）………………8個
じゃがいも（小）………………1個
ズッキーニ ……………………1/3本
玉ねぎ…………………………1/4個
だし汁（→p.131）……… 3カップ
塩……………………………… 適量
生唐辛子（赤・青。小口切り）
…………………………… 各少量
薄焼き玉子（細切り。→p.136）・
刻みのり………………… 各適量
万能しょうゆだれ（→p.68）
……………………………… 適量

1 あさりは3%の塩水に30分ほどつけて砂を吐かせる。

2 じゃがいもとズッキーニは6cm長さの細切り、玉ねぎは薄切りにする。鍋に湯を沸かし、稲庭うどんを堅めにゆでる。

3 鍋にだし汁を入れて火にかけ、沸騰したら**1**を入れる。

4 再び沸いたら**2**を加え、野菜が柔らかくなったら、塩で味をととのえる。

5 器に盛って生唐辛子、薄焼き玉子、刻みのりをのせ、万能しょうゆだれをかける。

柳さん直伝

おいしく作るコツ

カルグッスとは、日本のきしめんに似た韓国の平打ち麺のこと。韓国では生麺状態で売られています。日本ではなかなか手に入らないので、きしめんや稲庭うどんを使ってください。あさりと稲庭うどんの塩気だけである程度の塩味がつきますが、必ず味みをして、塩で調整してくださいね。キムチを加えてもおいしいですよ。

温麺

온면 ● オンミョン

野菜の彩りが美しく、食欲をそそる麺。あっさりとしたスープながら、煮干しと昆布でとっただしが深い味わいです。夏はスープを冷やしてもおいしくいただけます。

材料（2人分）

- そうめん（乾麺）……………3束
- にんじん……………………$\frac{1}{4}$本
- ズッキーニ…………………$\frac{1}{3}$本
- 白菜キムチ…………………100g
- 砂糖……………………小さじ1
- ごま油……………………小さじ2
- 塩………………………… 適量
- だし汁（→p.131）……$3\frac{1}{2}$カップ
- 岩塩……………………… 少量
- 薄焼き玉子（細切り。→p.136）・刻みのり…………… 各適量
- 万能しょうゆだれ（→p.68）…………………… 適量

1 にんじん、ズッキーニは輪切りにして細切りにする。白菜キムチはせん切りにして砂糖とごま油小さじ1で和える。

2 フライパンにごま油小さじ1を熱し、1のにんじんとズッキーニを別々に塩で炒める。

3 鍋に湯を沸かし、そうめんを袋の表示どおりにゆでる。流水で洗ってざるに上げて水気をきり、器に盛る。

4 だし汁を温めて岩塩を加えて溶かし、味をととのえる。3に注ぎ入れて麺を温め、再びだし汁を鍋に戻し入れて沸かす。

5 4の麺に沸いただし汁を注ぎ入れ、1のキムチ、2と薄焼き玉子、刻みのりをのせ、万能しょうゆだれを添える。

柳さん直伝

おいしく作るコツ

だしに入れる塩は少なめにして薄味にしてください。その分食卓で万能しょうゆだれを加えて好みの味にしていただきます。ゆでたそうめんはいったん流水で洗いますが、食べるときには必ずもう一度スープで温めてください。韓国では麺類は長寿の象徴として、結婚式や誕生日会といったお祝いの席でよくふるまわれます。

ご飯 밥《パプ》

もやしご飯

콩나물밥●コンナムルパプ

豚肉の旨みと豆もやしのコクがご飯に
しっかりしみ込んだ簡単炊き込みご飯。
食べるときに混ぜる万能しょうゆだれは
たっぷりがおすすめです。

材料（2人分）

米	130g
豚ばら薄切り肉	60g
塩	小さじ$\frac{1}{4}$
豆もやし	50g
ごま油	小さじ1
万能しょうゆだれ（→p.68）	適量

柳さん直伝

おいしく作るコツ

とっても簡単でおいしい炊き込みご飯なので、私もよく作ります。少し手間ですが、もやしはひげ根を取ってください。口あたりがよくなりますよ。土鍋で炊くと、炒めから仕上がりまでひとつの鍋ででき、そのまま食卓へ出せます。味の決め手となる万能しょうゆだれは、好みの量を加えてよく混ぜてください。甘酸っぱいたれが食欲をそそり、たくさんいただけます。

1

米は洗って水に30分ほど浸し、ざるに上げて水気をきる。豆もやしはひげ根と豆の皮を取り除き、洗って水気をきる。豚ばら薄切り肉は8㎜幅の細切りにする。

2

土鍋にごま油を入れて熱し、**1**の豚肉を炒め、塩をして色が変わるまで炒める。

3

豚肉の上に**1**の米をのせ、水$1\frac{1}{4}$カップを注ぐ。**1**の豆もやしをのせ、蓋をして強火にかけ、沸騰したら中火で4分ほど炊く。

4

全体をさっくり混ぜ、再び蓋をして、弱火で10分ほど炊く。万能しょうゆだれを添える。

おいしく食べるために

万能しょうゆだれを加え、よく混ぜ合わせます。ご飯の色が変わるほど、たっぷり加えるのがおすすめですよ。

韓国のり巻き

김밥●キムパプ

時間がたってもおいしく、ひと口で食べやすいので、韓国では遠足や運動会の定番メニュー。彩りが美しく、味と栄養のバランスも抜群。

材料（4本分）

韓国のり巻きの基本のご飯

- ご飯（温かいもの）………茶碗5杯分
- Ⓐ
  - ごま油……………………大さじ1
  - 塩…………………………小さじ$\frac{1}{2}$
  - いりごま…………………大さじ2

卵	4個
きゅうり（5㎜角の棒状のもの）	4本
たくあん（5㎜角の棒状のもの）	4本
にんじん（5㎜角の棒状に切る）	$\frac{1}{2}$本分
ベーコン	4枚
かに風味かまぼこ（半分に裂く）	6本
焼きのり	4枚
塩	適量
サラダ油	適量
仕上げ用：ごま油・いりごま	各適量

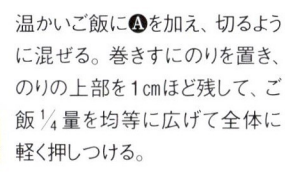

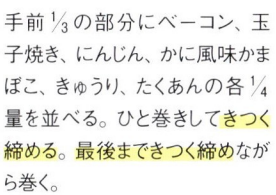

柳さん直伝

おいしく作るコツ

日本ののり巻きに比べて小ぶりですが、のりは同じ大きさのもの。ご飯をのりにぎゅっと押しつけるようにし、巻くときもぎゅぎゅっと締めるので、ひと口サイズで食べやすいですよ。具に汁気が残っていると、ご飯がぐずぐずになってしまうので、しっかり拭き取ってください。韓国のり巻きはバリエーションが豊か。あとのページにも紹介しているので、好みの具で作ってください。

1

ボウルに卵と塩小さじ$\frac{1}{2}$を入れ、よくときほぐす。フライパンにサラダ油を熱して、卵液を$\frac{1}{4}$量流す。まわりがかたまってきたら端から$\frac{1}{4}$残して3つに折りたたむ。

2

たたんだ部分をフライパンの縁に寄せ、卵液を適量流し入れる。1と同様にして、卵液がなくなるまで繰り返す。縦4等分に切る。

3

きゅうりは種を取り除き、塩をふり、塩をまんべんなくからめて20分ほどおき、ペーパータオルで水気をよく拭き取る。

4

フライパンにサラダ油を熱し、にんじんを中火で炒める。塩小さじ$\frac{1}{3}$をふり、広げて柔らかくなるまで均一に炒める。ベーコンは両面をさっと焼く。

5

温かいご飯にⒶを加え、切るように混ぜる。巻きすにのりを置き、のりの上部を1㎝ほど残して、ご飯$\frac{1}{4}$量を均等に広げて全体に軽く押しつける。

6

手前$\frac{1}{3}$の部分にベーコン、玉子焼き、にんじん、かに風味かまぼこ、きゅうり、たくあんの各$\frac{1}{4}$量を並べる。ひと巻きしてきつく締める。最後まできつく締めながら巻く。

7

巻き終わったらのりがしっかりつくようにぎゅっと締める。両端のご飯や具を中にしっかり入れる。同様にして、残り3本も巻く。

8

手にごま油をつけ、まんべんなく表面に塗り、いりごまをまぶしつけて1.5㎝幅に切る。断面を上にして器に盛る。

韓国のり巻きのバリエーション

プルコギのり巻き

불고기김밥●プルコギキムパプ

えごまの葉の爽やかな苦みで、あと味すっきり。
前日のプルコギがあれば、あっという間にできます。

1 韓国のり巻きの基本のご飯は142ページ作り方5を参照し、のりの上に広げて軽く押しつける。

2 作り方6、7を参照してそれぞれにえごまの葉2枚とプルコギ半量を均一に並べ、巻いて切る。

材料（2本分）

- 韓国のり巻きの基本のご飯（→p.142）……半量
- プルコギ（→p.34）……100g
- えごまの葉……4枚
- 焼きのり……2枚

ナムル入りのり巻き

나물 김밥●ナムルキムパプ

ナムルとご飯の組み合わせは、まさにビビンバ。
野菜たっぷりのヘルシーのり巻きです。

1 韓国のり巻きの基本のご飯は142ページ作り方5を参照し、のりの上に広げて軽く押しつける。

2 作り方6～8を参照し、ナムルと肉そぼろのそれぞれ半量を均一に並べて巻き、ごま油といりごまをつけて切る。

材料（2本分）

- 韓国のり巻きの基本のご飯（→p.142）……半量
- ぜんまいのナムル※……60g
- もやしのナムル※……50g
- ほうれん草のナムル※……60g
- 大根のナムル※……60g
- 肉そぼろ※……大さじ2
- 焼きのり……2枚
- 仕上げ用：ごま油・いりごま……各適量

※ナムルと肉そぼろは24、25ページを参照して作る。

ツナキムチのり巻き

참치김치김밥●チャムチキムチキムパプ

キムチの酸味と辛みはマイルドなマヨネーズと好相性。
子どもから大人まで大好きな味です。

1 ツナは汁気をしっかりきってほぐし、ボウルに入れてマヨネーズを混ぜる。

2 キムチは汁気を絞ってみじん切りにし、1に加えて混ぜる。

3 韓国のり巻きの基本のご飯は142ページ作り方5を参照し、のりに広げて軽く押しつける。

4 作り方6〜7を参照してサンチュとえごまの葉、2の各半量を均一に並べ、巻いて切る。

材料（2本分）

- 韓国のり巻きの基本のご飯（→p.142）……半量
- ツナ（オイル不使用）……2缶（160g）
- マヨネーズ……大さじ3
- 白菜キムチ……50g
- サンチュ……4枚
- えごまの葉……4枚
- 焼きのり……2枚

ごぼう入りのり巻き

우엉김밥●ウオンキムパプ

ごぼうのり巻きの専門店もあるほど韓国ではポピュラーな具。
やや濃いめの味つけのほうが、おいしくいただけます。

1 韓国のり巻き（→p.142）を参照し、ご飯とごぼう以外の具を準備する。

2 ごぼうは7cm長さのせん切りにし、酢を入れた水に浸してさらし、ざるに上げて水気をきる。

3 鍋に水¾カップと2を入れ、水気がなくなるまで煮て、Ⓐを加えて汁気がなくなるまで煮る。にんにくといりごまを加えて混ぜる。

4 韓国のり巻きの基本のご飯は142ページ作り方5を参照し、のりの上に広げて軽く押しつける。

5 作り方6〜8を参照し、1の具と3の各半量を均一に並べて巻き、ごま油といりごまをつけて切る。

材料（2本分）

- 韓国のり巻きのすべての材料（→p.142）……各半量
- ごぼう……½本
- 酢……適量
- Ⓐ
  - しょうゆ……大さじ1
  - 砂糖……大さじ¼
  - 韓国水あめ（→p.161）……大さじ1
  - サラダ油……大さじ½
- にんにく（すりおろし）……小さじ½
- いりごま……大さじ¼
- 仕上げ用：ごま油・いりごま……各適量

鶏のおかゆ

닭죽 ● タッチュッ

鶏スープの旨みが体にしみわたるおかゆ。
米はごま油で炒めるので、香ばしい仕上がりに。

材料（2人分）

米	150g
鶏胸肉	1枚（250g）
とき卵	1個分
ごま油	大さじ$\frac{1}{2}$
塩	ひとつまみ
万能ねぎ（小口切り）	適量

柳さん直伝

おいしく作るコツ

韓国では体調にかかわらず、おかゆをよく食べます。なかでも鶏のおかゆは特に人気。淡泊な鶏胸肉でとったスープはすっきりとして旨みがあり、お米に含ませるとそれだけで深い味わいになります。お米はごま油でしっかり炒めるとさっぱりしたなかにも、コクのある仕上がりです。韓国ではおかゆにも汁ものを添えます。このおかゆにはあっさり味の水キムチをよく合わせるんですよ。

1

深鍋に鶏胸肉と水1.5ℓを入れ、強火にかける。沸騰したら弱めの中火にして1時間ほど煮る。米は洗って30分ほど水に浸し、ざるに上げる。

2

1の鶏肉を取り出し、ざるにペーパータオルを敷いて、スープをこす。

3

鶏肉が温かいうちに皮を取り除き、半量を細かくほぐす。残りは麺の具などに。

4

鍋にごま油を熱し、**3**の鶏肉と**1**の米を炒める。米が透明になるまで炒め、ごま油をしみ込ませる。

5

2のスープ$3\frac{1}{2}$カップ（たりなければ水をたす。）を加え、沸騰したら中火にし、米が柔らかくなるまで15分ほど煮る。

6

塩で味をととのえ、とき卵を回し入れる。器に盛り、万能ねぎをふる。

材料（1人分）
キムチスープ（→ p.131）
……………………………… 2カップ
ご飯 ……………………… 茶碗1杯分
万能ねぎ（小口切り）……… 適量

1 キムチスープは鍋に入れて火にかけ、沸いたらご飯を加え、沸いた状態のままスープをご飯に吸わせる。

2 ご飯がスープを含んでふっくらしたら、器に盛って万能ねぎをふる。

柳さん直伝

おいしく作るコツ

キムチスープを作るとき、多めに作っておくとご飯を入れるだけでおかゆに。ご飯を入れたら、ぐつぐつ煮込んでご飯にスープをしっかり含ませてください。仕上げにとき卵を入れてもおいしいですよ。

キムチの辛みが爽やかで、食欲をそそります。
ボリュームもあっておなかも満足な一品です。

キムチのおかゆ

김치죽 ● キムチチュッ

野菜のおかゆ

야채죽 ● ヤチェチュッ

野菜を炒めるだけのシンプルなおかゆ。
ごま油で野菜を炒めているので、
さっぱりしたなかにもコクがあります。

材料（2人分）

米	150g
じゃがいも	1個
にんじん	$1/3$個
玉ねぎ	$1/2$個
しいたけ（大）	2個
万能ねぎ	2本
ごま油	大さじ$1/2$
塩	適量

1 じゃがいも、にんじん、玉ねぎは7㎜角に切る。しいたけは粗みじん切りにする。万能ねぎは小口切りにする。

2 鍋にごま油を熱し、米を炒める。米にごま油が回ったら、1のじゃがいもとにんじんを加えて炒める。

3 水$3\frac{3}{4}$カップを加え、沸騰したら、1のしいたけと玉ねぎを加えて米が柔らかくなるまで煮る。1の万能ねぎを加えてひと混ぜし、塩で味をととのえ、器に盛る。

柳さん直伝

おいしく作るコツ

だしで味つけしない、野菜の旨みがだしになるシンプルなおかゆ。野菜のピュアな味わいが際立たせるため、塩は控えめに。野菜は大きさをそろえて小さめに切ってください。そうすると食べやすいですよ。

松の実のおかゆ

잣죽 ● チャッチュッ

コクがあってまろやかな味わい。
米は形を残さず、とろとろに仕上げるので、
口あたりがやさしいおかゆです。
韓国では病後に食べると
元気になるといわれている栄養食です。

材料（4人分）

米	$1\frac{1}{2}$カップ
松の実	$\frac{1}{2}$カップ
水	$3\frac{1}{2}$カップ
塩	適量
飾り用：松の実	少量

1 米は洗って1時間ほど水に浸し、ざるに上げる。

2 1と分量の水のうち適量をミキサーにかけ、なめらかにする。鍋に入れ、底にたまった米粉も水少量を入れて溶かし、すべて鍋に移す。

3 松の実と水適量をなめらかになるまでミキサーにかける。

4 2に残りの水を加えて火にかけ、沸騰したら弱火で焦げないように混ぜながら、とろりとするまで煮る。

5 3を加えて5分ほど混ぜながら煮る。器に盛って松の実を飾る。食べるときに塩を加える。

柳さん直伝

おいしく作るコツ

塩を入れるととろみがつきにくいので、食べるときに好みで加えましょう。もっととろみをつけたいときは、米の量を増やして作ってください。

黒ごまのおかゆ

검정깨죽●コムジョンケチュッ

黒ごまの香りが香ばしい、
甘いおかゆ。
韓国ではコース料理の
前菜としてよく供されます。

材料（2～3人分）

米粉……………………………40g
すり黒ごま……………………50g
塩………………………小さじ$\frac{1}{2}$
砂糖……………………大さじ$1\frac{1}{3}$

1 鍋に水3カップと米粉、すり黒ごま、塩、砂糖を加えて、泡立て器で混ぜる。

2 1の鍋を火にかけて弱火で、焦がさないように木べらでかき混ぜながらとろりとするまで15分ほど煮る。

柳さん直伝

おいしく作るコツ

砂糖を加えるので、おかゆというより、ごま汁粉に似た味わいです。甘みがあるので、食後のデザートのようですが、韓国では宴会のコース料理の前菜のひとつとして供されることも。風邪をひいたときや病後に食べると、回復が早くなりますよ。黒ごまの代わりにかぼちゃの裏ごしを使うと、かぼちゃのおかゆになります。

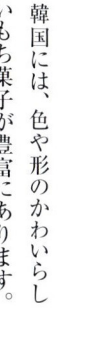

教えて！柳さん

韓国のお茶ともち菓子

韓国には、色や形のかわいらしいもち菓子が豊富にあります。これは祝いの席や行事に欠かせない伝統菓子ですが、今ではおしゃれな〝もちカフェ〟も増えています。昔、宮廷の宴会では、いろいろな色をつけた米粉を専用の型に何層にも重ねて蒸し、飾りを施した「コイムトック（＝もちケーキ）」が必ず供されました。その名残からか、日本では誕生日にショートケーキのところ、韓国で用意するのはもちケーキ！　厳密にいうと、もち菓子にはうるち米で作る「メトック」ともち米で作る「チャルトック」があります。ここでは家庭でも作りやすいメトックをお教えしましょう。

そして韓国のお茶は、いわゆる茶葉ではなく、ハーブや漢方の材料、生薬などを使ったものが主流です。飲みにくいの？　苦いの？　と思われますが、いずれもはちみつや砂糖などで甘みがつけてあるものも多いので、薬っぽさはほんのり。

体にやさしいお茶とかわいいもち菓子で、お茶の時間を過ごしませんか？

食事のときなどにいただく「コーン茶」。とうもろこしのほんのり自然な甘さと、香ばしいさが心地よく、穏やかなあと味。韓国料理との相性も抜群。柳さんが大好きなお茶で、お店でもすべてこれ。パック入りのものもある。

ソウルで人気のもちカフェ。色とりどりのもち菓子がひと皿盛りにいただけて、いろいろな味が楽しめる。お茶は朝鮮にんじんなど生薬が入ったものや、柚子や梅、しょうがなど体をいたわる素材のものなど、大きなカップでたっぷりいただける。

柳さんおすすめの簡単もち菓子

柳さん直伝

おいしく作るコツ

このもち菓子は、お盆など人が集まるときによく作りました。たくさん作るので、徹夜したこともあるんですよ。小豆などの豆類を入れたり、もちによもぎを練り込んで緑色にしたり、いろいろな種類があります。韓国では昔から蒸すときに、もちともちの間に松葉をたっぷり入れます。そうするとくっつかず、またほんのりよい香りがつきますよ。冷めて堅くなったら、水を少しふってラップで包んで軽く電子レンジにかけると、また柔らかくなります。

ごまとはちみつのもち菓子

송편●ソンピョン

材料（約30個分）

米粉		$2\frac{1}{2}$カップ
塩		小さじ$\frac{1}{2}$
Ⓐ	いりごま	60g
	三温糖	50g
	はちみつ	大さじ4
ごま油		適量

1 Ⓐを合わせてよく混ぜる。ボウルに米粉と塩を入れ、熱湯210mℓを少しずつ加えながら、よく混ぜる。すべて入れたら、しっかりこねる。生地がぼろぼろとくずれない状態になったらこね終わり。

2 **1**の生地を1個約30g丸め、直径5cm程度にのばす。中央をくぼませ、**1**で混ぜ合わせたⒶを小さじ1ほど入れる。

3 指の跡がつくように、片手でぎゅっと握ってとじる。とじ目は開かないように注意。写真の餃子のような包み方は、二つ折りにとじ、中央を親指と人差し指でつまんで指の跡をつける。

4 湯気の上がった蒸し器にオーブンシートを敷き、強火で約20分蒸す。生地に透明感が出たら、取り出してさっと水にくぐらせ、手に適宜ごま油をつけてからめながらボウルに入れる。全体にごま油大さじ1を回しかけてやさしくからめ、器に盛る。

日本で手に入りやすい 韓国茶

韓国茶は、急須に茶葉を入れて蒸らして…といったお茶とは違います。美容や健康に敏感な韓国では材料は主に漢方材料や果物。体にやさしい飲みものは、心まで癒してくれます。日本のデパ地下や韓国食材店で見かけるお茶をご紹介します。

果実を甘く煮た スイーツ茶

果実を皮ごと刻んで、砂糖とともに煮たジャム状のもの。ティースプーン5杯をお湯180mℓで溶いて飲みます。甘酸っぱいものが多いので、飲むデザートにもどうぞ。香りもよくリラックス効果も期待できます。右手前から時計回りに、美肌や風邪予防に効く「ゆず茶」、体が温まる「しょうが茶」、疲労回復を助ける「梅茶」、のどによい「かりん茶」。

体にじんわり効く 生薬や薬草

生薬や薬草はちょっとなじみがないかもしれませんが、最近はフリーズドライにした粉末が出回っているので、お湯で溶くだけで手軽にいただけます。なかには強い香りやくせのあるものもありますが、体に効く！ と感じるものも。手前から美肌や疲労回復を助ける「にんじんなつめ茶」。発芽玄米とはと麦が入った「ユルム茶」。甘草や桂皮など8種の生薬を煎じた「にんじんサンファ茶」。

韓国料理の便利帳

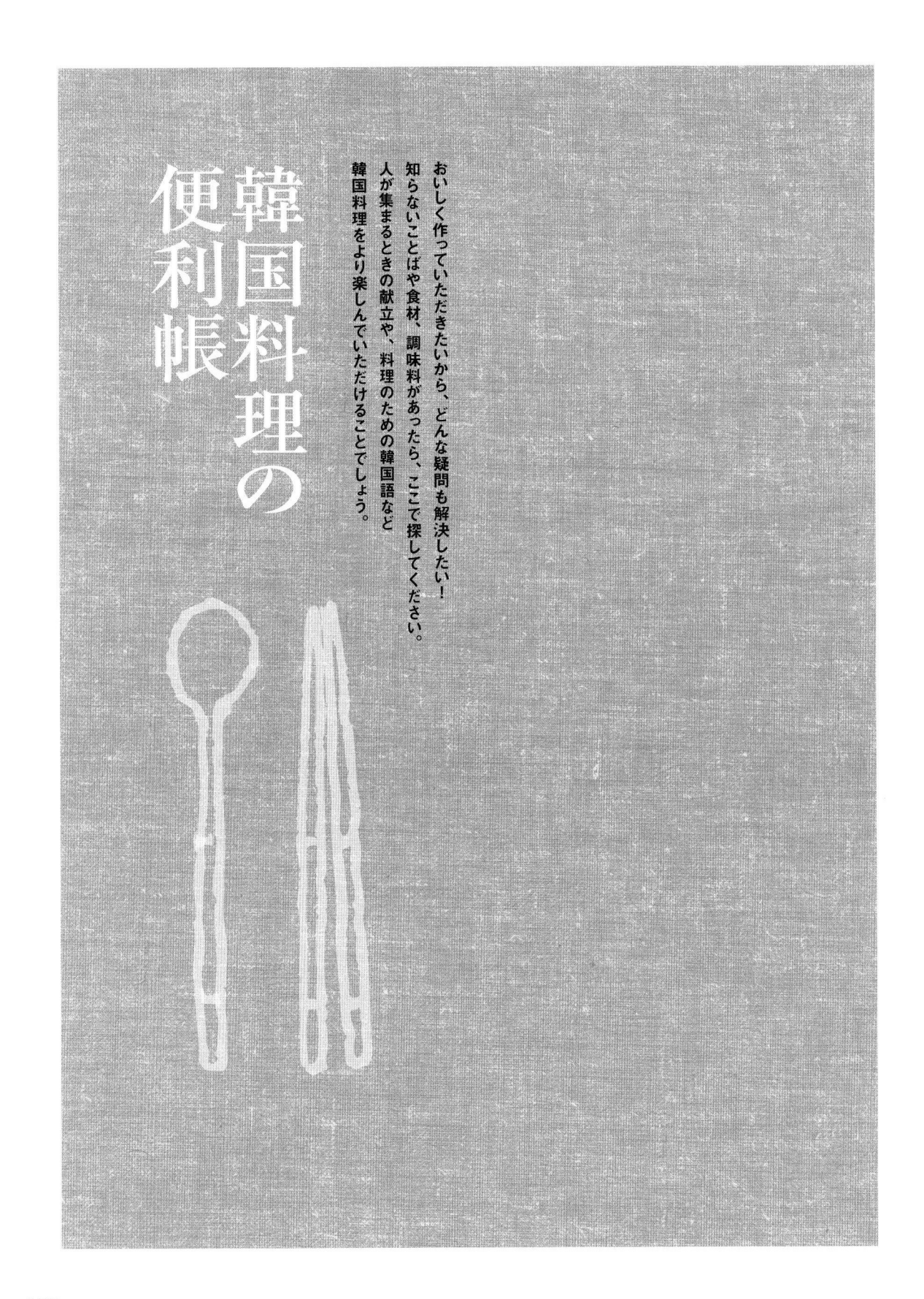

おいしく作っていただきたいから、どんな疑問も解決したい！
知らないことばや食材、調味料があったら、ここで探してください。
人が集まるときの献立や、料理のための韓国語など
韓国料理をより楽しんでいただけることでしょう。

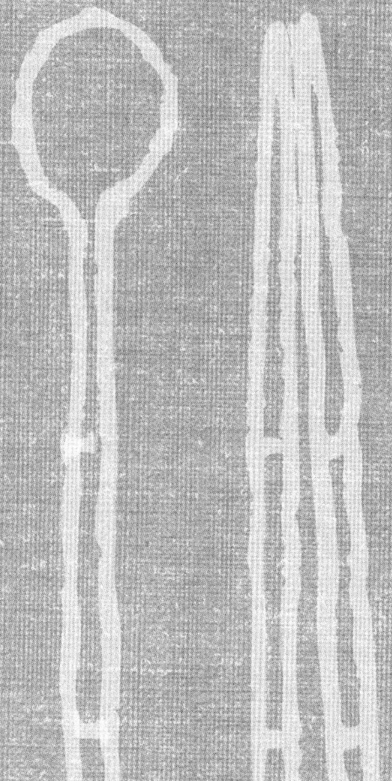

仕込んでおけるから便利！

人が集う日は、韓国ごはん

韓国料理は作り置きや、下準備しておける料理が多いので、大人数での食事にも向いています。そこで柳さんに、日本人好みの献立を考えていただきました。定番料理を中心にバランスのよい組み合わせで、きっと喜んでもらえますよ。ぜひ腕をふるってください。

献立のポイント

❶下準備ができるものを

ヤンニョンを混ぜておけば、あとは炒めるだけ、和えるだけというような料理なら、食卓にできたてが並びます。煮込んでおいて温めなおすだけの肉料理や、時間がたってもおいしい魚料理、テーブルで仕上げる鍋など、下準備ＯＫの料理が意外と多いのが韓国料理です。

❷辛くない料理も入れる

辛い料理のイメージが強い韓国料理。辛いものが苦手な人にはちょっと抵抗があります。でも主菜にも副菜にも、辛くない料理もたくさんありますから、意識して取り入れるようにしましょう。献立のバランスもよくなりますよ。

おすすめの献立

●辛くない　◆下準備ＯＫ

ピリ辛鍋が主役の献立

韓国料理といえばチゲ（＝鍋）。辛ウマ鍋は寒い冬のみならず、夏でも汗をかきながら楽しみたい料理です。ビビンバの代わりに、鍋のシメにご飯を入れても喜ばれます。

◆キムチ鍋（→p.112）

＋

●◆海鮮チヂミ（→p.14）

＋

●◆サンチュサラダ（→p.80）

＋

●◆ビビンバ（→p.22）

＋

キムチ（→p.90。市販品でもOK）

韓国通《つう》も納得の献立

韓国旅行も、大久保通いも経験ずみの通を招くならこんな組み合わせは？メインのゆで豚は包んでいただく韓国定番の食べ方。鍋が脇役というのも、韓国らしい組み合わせです。

●◆ゆで豚肉のサンチュ包み（→p.30）

＋

◆いかと野菜の炒めもの（→p.77）

＋

◆豆腐のピリ辛鍋（→p.121）

＋

●◆もやしご飯（→p.140）

＋

キムチ（→p.90。市販品でもOK）

お酒がすすむ献立

飲むメンバーがそろうなら、韓国版刺し盛りに。簡単に準備できるので、手間のかかる料理も作れます。ご飯ものはおかずのたっぷり入ったのり巻きなら、おつまみにもなりますよ。

●◆刺し身盛り合わせ（→p.66）

＋

●◆牛ひき肉のえごま巻き（→p.48）

＋

●◆大根サラダ（→p.82）

＋

●◆韓国のり巻き（→p.142）

＋

キムチ（→p.90。市販品でもOK）

人気の定番おかず献立

韓国料理初心者におすすめは、やっぱり定番料理。
お店に負けない本場の味で
お友達を韓国料理好きにしてください。

ご飯

キムチ（→p.90。市販品でもOK）

●◆もやしスープ（→p.130）

●春雨と野菜の和えもの（→p.28）

●◆プルコギ（→p.34）

●◆海鮮チヂミ（→p.14）

韓国料理の味を作る
食材＆調味料図鑑

韓国料理には、味の決め手となる食材や調味料がいくつかあります。最近、スーパーでも手に入りやすくなってきました。特殊なものも、専門店やインターネットなどで購入することができますので、ぜひ探してみてください。本場の味に近づくことができますよ。

食材

生唐辛子
생고추●センコチュ

ナス科の植物。世界中に500種はあり、韓国でも甘み、酸味、辛み、香りなどに違いがあるものが多種ある。初夏に出回る青唐辛子は日本のししとうに似ているが味、香り、辛みともに強い。韓国では、生の唐辛子を風味と辛みづけにしたり、彩りとして使う。赤唐辛子は辛みが控えめで、甘酸っぱさがあり、青唐辛子は辛みが強い。

あみの塩辛
새우젓●セウジョッ

体長1～2cmのえびに似たあみを塩漬けにして発酵させたもの。キムチ作りには不可欠な食材で、キムチにコクと深みを与える。うまみと塩気を利用してたれとしても使える。そのままあつあつのご飯にのせたり、おにぎりにしてもおいしい。

えごまの葉
깻잎●ケンニプ

シソ科。形は青じそにそっくりだが、ひとまわり大きい。爽やかでくせのある香りが強く、やや苦みのある濃い味わいが特徴。旬は初夏。ほうれん草の約2倍もの鉄分を含む。韓国では、おかずを包む葉野菜として用いることが多い。青じそより分厚く破れにくいので、ひき肉だねをはさんで作るジョン、牛ひき肉のえごま巻き（→ p.48）にしても、シャキシャキ感が残る。

干《ひ》だら
북어●プゴ

薄塩に漬けて干したたら。韓国では古くから、保存食品として乾燥した魚をよく使う。干だらは、開いたものと細く裂いたものがある。魚臭さのない、穏やかな味わいのスープがとれる。大根やもやしと合わせて作るスープが定番（→ p.129）。

スパム®

스팸●スペム

ソーセージの材料にする豚肉を缶詰に詰めたもの。日もちするため、軍隊でよく使われ、特にスパムと野菜の鍋（→p.114）が有名。ハワイや沖縄でもよく食べられる。一般名称はポークランチョンミート。

韓国もち

떡●トッ

うるち米で作られた韓国のもち。粘りが少なく歯ごたえがあり、加熱しても煮くずれない。左は平たい楕円形のもので、鍋やスープ、雑煮などに。右は細長い棒状のもので、韓国もちの甘辛炒め（→p.77）など炒めものに。

冷麺

냉면●ネンミョン

そば粉を主原料とし、つなぎに小麦粉や片栗粉、じゃがいものでんぷんを使った麺。独特の弾力と歯ごたえがあるのが特徴。麺がやや太い乾麺、生麺、つなぎにどんぐり粉を使った麺などもある。

韓国春雨

당면●タンミョン

さつまいもで作る春雨。緑豆春雨に比べて太くて弾力があり、もっちりとした歯ごたえがある。炒めもの、和えもの、鍋ものなどに使う。水または湯につけてもどすが、製品によって異なるので、袋の表示時間を確認して使う。チャプチェと呼ばれる春雨と野菜の和えもの（→p.28）が有名。

なつめ

대추●テチュ

薬膳食材としても知られる甘酸っぱい果実。牛肉と相性がよく、牛すね肉の煮もの（→p.52）、骨つきカルビ肉と大根の煮もの（→p.54）など煮込み料理によく用いられる。鉄分が豊富で、貧血や冷え性の改善、老化防止などに効果的。体の調子を整えるお茶としても人気。種を取って調理する。

松の実

잣●チャツ

松の種子の胚乳の部分。ナッツ特有の濃厚さと香ばしさがある。松の実は栄養豊富な不老長寿の実として、料理やお菓子によく使う。おかずと一緒に葉野菜で包んだり、お米と一緒にミキサーにかけておかゆ（→p.150）にしたりする。尖った部分に茶色の殻がついている場合は取り除いて使用すると色が美しい。

桂皮

계피●ケピ

クスノキ科の常緑樹の皮を乾燥させたもの。独特の甘みと香りで、やや辛みがある。体を温める働きがあり、生薬としてよく用いられる。肉をゆでるときのスパイスに、甘く煮て冷やし、飲みものとして食後に楽しむことも。別名、桂枝、ニッキ、シナモン。

コチュジャン

고추장●コチュジャン

もち米、麹、粉唐辛子、塩、水あめなどを加えて発酵させたやや甘い韓国のみそ。韓国を代表する調味料で、料理の味つけに使ったり、そのまま野菜などにつけて食べたりする。酢と合わせてつくるたれ「チョコチュジャン」(→p.66)はわかめなどの和えだれや、刺し身のつけだれに。

韓国みそ

된장●テンジャン

大豆から造られる豆みそ。煮た大豆を発酵させてつぶし、みそ玉を作ってかびをつけ、塩水に浸して造る。日本のみそと比べ、甘みがなく、うまみと塩味が勝ったみそ。煮込むほどに風味が増しておいしくなるので、スープや鍋料理に適している。残った塩水は、熟成させてしょうゆとなる。

粉唐辛子

고추가루●コチュカル

乾燥赤唐辛子を粉にひいたもので、数種をミックスしたものが出回る。甘酸っぱい香りで、甘み、深みがあり、ヤンニョンとしてキムチはもちろんのこと、煮もの、炒めもの、和えものなど何にでも使う。熱した油と和えて作るタデギ(→p.69)は鍋に入れたり、食卓調味料にしたりと使用頻度が高い。主に種ごとひいた粗びき(右)を使い、細びき(左)は種を除いてパウダー状にひいたもの。辛みは穏やかで赤く色づけたいときに効果的。

韓国水あめ

물엿●ムルヨッ

とうもろこしのでんぷんで作る甘味料。日本のものに比べ、さらさらとして使いやすい。やさしい甘さがあり、料理に加えるときれいなつやが出る。鶏もも肉のしょうゆ煮（→p.50）など照りを出したいときに。

ごま油

참기름●チャムギルム

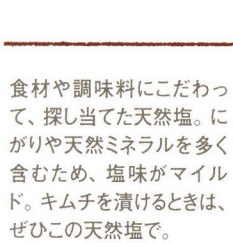

韓国料理の風味づけには欠かせない油。韓国のごま油は、日本のものより焙煎が深く、濃厚なコクと香りがある。プルコギ（→p.34）のように、あらかじめ肉にもみ込んでおく肉のもみだれや（→p.34）、万能しょうゆだれ（→p.68）、スープ、和えものなどに。あまり火を通さず、仕上げに加えると、風味を損なわない。

いわしエキス

멸치엑기스●ミョルチエッキス

いわしを塩辛にし、熟成させてそのエキスだけを取り出したもの。ナンプラーやニョクマムなど魚醤の仲間。旨みが強く、おもに本格白菜キムチ（→p.90）を漬けるときに使う。

牛だしの素

소고기다시다●ソコギダシダ

牛肉のだしの素。ぬるま湯で溶くだけで簡単にスープがとれるので、時間のないときに重宝する。ヤンニョンに少量加えて、煮もの、炒めもの、和えものなどにも。少量で旨みが増すので万能調味料としても使う。韓国語では単に「ダシダ」とも呼ぶ。

えごまの粉

들깨가루●トルゲカル

えごまの実を炒めて粉状にしたもの。独特の風味が、肉の臭みを消すといわれ、豚肉とじゃがいもの鍋（→p.116）に必ず用いる。スープや和えもの、炒めものの仕上げなどに加えるとコクが出る。

柳さんおすすめ「妻家房」の粗塩

소금●ソグム

食材や調味料にこだわって、探し当てた天然塩。にがりや天然ミネラルを多く含むため、塩味がマイルド。キムチを漬けるときは、ぜひこの天然塩で。

切り方のことば

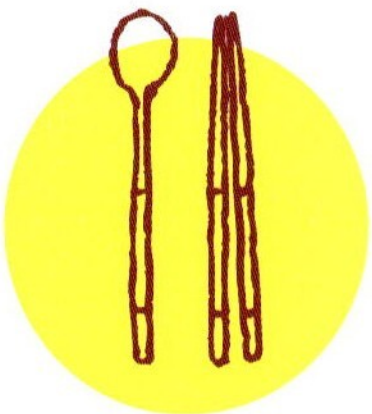

韓国料理は、切るという作業がとても大事。素材を同じ大きさや形にきれいに切りそろえて、でき上がった料理を美しく見せるためです。切り方に迷ったら、確認しましょう。

あ

厚切り

材料を端から厚く切る方法。本来の調理用語というより、薄切りに対してのことば。厚さは用途に応じて変える。

粗みじん切り

みじん切りよりもやや大きめ。3〜4㎜角が目安。

いちょう切り

半月の半分の状態。円筒形の野菜を縦半分に切り、切り口を下にしてさらに縦半分に切って端から薄く切る。いちょうの葉の形に似ているのが名の由来。

薄切り

材料を端から薄く切る方法。厚さは用途に応じて変える。スライスと同じ意味。

か

小口切り

万能ねぎや長ねぎのように細長いものの端を小口といい、それを端から刻むこと。

さ

さいの目切り・角切り

野菜を5〜6㎝長さに切り、縦に約1㎝厚さに切る。横にして同様に切り、端から1㎝角の立方体にする。さいの目のさいとはさいころのこと。

ざく切り

白菜や青菜などを幅3〜4㎝くらいでざくざく切ること。

色紙切り

一辺が3㎝前後の四角形に切る。にんじんや大根などは周囲の丸みを落として直方体にし、小口から薄切りにする。

ま

みじん切り

野菜を細かく刻むこと。せん切りにし、端から1～2㎜角に刻む。ひき肉に混ぜ込む野菜はこの切り方に。

ら

乱切り

野菜を横にして、端から斜めに切り落としたら、少し回転させ、再び斜めに切る。表面積が大きく、味がしみやすい。

わ

輪切り

円筒形の野菜を横にして、端から切る。厚さは料理に合わせる。

な

斜め切り

材料に対して包丁を斜めに入れる方法。普通に切るよりも断面が広くなる。厚さは用途に応じて変える。韓国料理では長ねぎや生唐辛子など、彩りがきれいなものを斜め切りにし、料理の中央に添えて仕上げることが多い。

は

半月切り

輪切りを半分に切った状態。円筒形の野菜を縦半分に切って、端から薄く切る。名のとおり半月の形。

一口大に切る

人間の口に、ひと口で入る大きさに切ること。だいたい3～4㎝大。

細切り

野菜や肉などを5～6㎝長さに切り、約5㎜角に切る。韓国料理ではチャプチェやチヂミの野菜の切り方がこれ。

せん切り

野菜を4～5㎝長さの薄切りにするか、薄い輪切りにし、重ねて端から細く切る。繊維にそって切ればシャキシャキに、繊維を断ち切ると、口あたりが柔らかくなる。

そぎ切り

材料に対して包丁を斜めに寝かせて、そぐようにしながら切る方法。断面が広くなり、切り身が大きく見える。鶏もも肉などは厚みが半分ほどになり、火の通りが早くなる。

た

短冊切り

長さ3～4㎝、厚さ1㎝に切り、端から厚さ1～2㎜に切る。

筒切り

細長い魚を筒状に切ること。頭を切り落とし、内臓を抜き取り、骨ごと適当な長さに切る。さば、さんま、いわしなど胴が丸い魚を調理するときの切り方。

基本の料理用語集

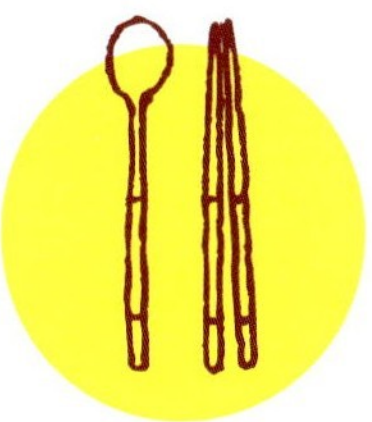

レシピに出てくる基本のことば。
調理法や食材など、
なじみの用語をいま一度確認して、
お料理をもっと上手に作りましょう。

調理のことば

【あ】

和える
下ごしらえした素材に、調味料などを混ぜてからませ、味をつけること。

あくをすくう
材料をゆでたり、煮たりしたときに表面に浮いてくるあくをお玉などで取ること。

味をととのえる
料理の仕上げに、味みをしてたりない味を補い、ちょうどよい加減にすること。主に、塩、こしょうを少量ずつ加えて調整する。

粗熱を取る
加熱した材料や料理を、手で触れることができるまで冷ますこと。「人肌に冷ます」も同じ意味。

石づき
きのこ類の軸で、地面や木にくっついている堅い部分。切り落として調理する。

【か】

かぶるくらいの水
鍋に材料を平らに入れ、水を加えたときに材料全部がぎりぎりでつかっている水の量。

からめる
素材に調味料などをまんべんなくつけること。

切り身
大型の魚の身を適当な大きさに切ったもの。さわら、太刀魚、鯛、ひらめなど。

【さ】

差し水
素材を長時間ゆでるとき、水が減ったら途中でたすこと。

塩もみ
切った素材に塩をふり、少しおいて手で軽くもむこと。素材から余計な水分が出て、しんなりする。

塩をする
素材に塩をふったり、調理中に加えること。

下味
材料にあらかじめつけておく味のこと。

砂出し
あさりなどを海水程度の塩水に浸して暗所に置き、砂を吐かせること。

すりおろす
おろし金などで素材を細かくすること。主に水分の多い素材に使う。にんにく、しょうがを合わせ調味料に加えるときなどに。

背わた
えびの背にある黒い筋。腸管。食味が悪くなるので、取り除いてから調理する。

【た】

たっぷりの水
材料を鍋に入れ、水を加えたときに材料が完全に水につかった量。

卵にくぐらせる
素材をといた卵に浸して、卵をつけること。ころもをつけるときに行う。

血抜き
かたまり肉などを水に浸して、血を抜くこと。濁ったら水を替えながら、1時間ほどが目安。血抜きしておくと、雑味が取れてすっきりとした味に仕上がる。

【な】

鍋肌
鍋の内側の側面のこと。調味料を加えるとき、素材の一部に集中しないように鍋肌から回して加え、鍋の水分に混ざるようにする。

煮立てる
煮汁が沸き立つ状態の火加減にすること。

煮つめる
材料に火が通るまで煮て、煮汁がほとんどなくなるまでさらに煮ること。水分を蒸発させ、味を濃厚にすること。韓国の調理法「ジョリム」がこの手法。

【は】

はかまを取る
アスパラガスなどの茎についている皮を取り除くこと。口の中に残りやすいため、取り除く場合が多い。

火加減
調理に合わせて、火の強さを調整すること。料理の間に強くしたり、弱くしたりする。強火、中火、弱火、とろ火などがある。

ひたひたの水
鍋に材料を平らに並べ、水を加えたときに材料の頭が出るか出ないか程度の水の量。

ひと煮立ち
素材を沸騰するまで煮ること。ひと煮立ちしたら調味料を加える、ひと煮立ちしたら火を止めるなど、次のプロセスの目安になる。

ほぐす
素材の水分を絞ったあと、かたまりをほどいたり、素材を手で適当に裂いて小さくすること。ナムルを和える前には必ず行う。

【ま】

まぶす
粉やごまなど細かいものを素材全体にむらなくつけること。

回し入れる
といた卵や調味料などを、1か所に固まらないように、鍋やフライパンの上でぐるっと回しながら加えること。

水気をきる
素材についている余分な水分を取ること。水に浸した材料やゆでた材料をざるに上げたり、洗った野菜などを振って水分を落とすこと。水分が残っていると、調味したときに味が薄くなる。

水溶き薄力粉

薄力粉を水で溶いたもの。とろみをつけるとき、粉を直接入れるとダマになるので、あらかじめ水で溶いてから加える。粉と水は同量が基本。

水にさらす

切った素材をたっぷりの水に入れること。あくを抜いたり、水分を吸わせてパリッとさせるのが目的。

蒸し煮

鍋やフライパンに素材を入れ、少量の水分を加えるか、素材の持つ水分のみで蓋をして煮ること。

面取り

切った野菜を柔らかく煮る場合に、角を削るように切り取ること。角があると、ほかの素材や鍋と接して、煮くずれる恐れがあるため。大根やにんじんなど主に根菜に施す。

もみ込む

素材に調味料などを手でもみながら、しみ込ませること。手で行うことにより、表面だけでなく、中までしっかりと味がしみ込む。

【や】

焼き目をつける

素材の表面を焼いて、こんがり焼き色をつけること。

焼き固める

素材の表面を焼いて、旨みが逃げないようにすること。「焼き目をつける」よりも、全体にしっかり焼く感じ。

湯通しする

肉や魚の臭みや余分な脂を取り除くために、沸騰した湯に入れて、すぐに取り出すこと。豆腐の水きりにも。

【あ】

いしもち

ニベ科の魚。旬は5月~7月で、最大で60㎝ほど。白身魚だが、ややくせがあり、焼き魚より煮魚に向く。すり身にすると粘りが出るので、練り製品にも使われる。

関西では白ぐち、ぐちなどと呼ばれる。

おぼろ豆腐

豆乳ににがり(凝固剤)を入れ、固まり始めたときの状態のもの。ふわふわとして、木綿豆腐より柔らかい。スンドゥブ(→p.118)に必ず使われる。おぼろ豆腐を型に入れて水分を絞った(圧縮した)ものが木綿豆腐。

【か】

きくらげ

春から秋にかけて広葉樹の倒木や枯れ枝に発生するきのこ。コリコリとした歯ごたえがくらげに似ているためにこう呼ばれる。乾燥品が出回るので、水でもどして石づきを取り除いて使用する。

牛すね肉

牛のふくらはぎの部分。赤色が濃く、筋が多くて堅いが、じっくり煮ると濃い旨みが感じられる。煮込み料理に。

牛テール

牛の尻尾。旨みが多く、じっくり煮込んでスープをとったり、シチューなどの煮込み料理などに向く。

牛骨つきカルビ肉

あばら骨のついた牛ばら肉。日本では切って売られているが、韓国ではかたまりや、こぶし大の大きさのものもある。料理によって精肉店でカットしてもらうとよい。煮込み料理や、焼き肉に。

【さ】

サンチュ

キク科の葉もの野菜。くせがなく、張りがあるので、焼き肉などを包んで食べるのに向いている。韓国ではご飯やみそを包んで食べることもある。サニーレタスもサンチュの一種。

【た】

太刀魚

平たく細長い体は2m以上のものもある大型回遊魚。春から秋口にかけて出回る。身が柔らかくくせがないため、塩焼き、煮つけ、から揚げなどどんな調理方法でもおいしい。

朝鮮にんじん

ウコギ科の多年生植物。生薬として有名で、野菜のにんじんとはまったく別種。強いくせがあり、滋養強壮に効くといわれている。韓国料理ではサムゲタン(→p.36)の詰めものにしたり、煎じてお茶にしたりして使用する。朝鮮にんじんは皮をむかずに蒸して乾燥したものと、そのまま乾燥したり、皮をむいて乾燥したものの2種類ある。

【は】

ひな鶏

1羽300gほどの鶏のひな。精肉店に注文しておくと、内臓が取り除かれた状態で手に入る。内側に血がかたまっていることもあるので、よく洗うこと。サムゲタンに。

豚骨つき背肉

豚の背骨部分の肉。骨のまわりに肉が少量ついた状態で、よく煮込むと旨みたっぷりのスープがとれる。豚肉とじゃがいもの鍋(→p.116)には必ずこの部位を使い、骨のまわりの肉を食べる。

柳さんの料理がおいしい理由《わけ》

柳さんの料理は、食べ飽きることがなく、食べれば食べるほどクセになります。でもそれはどうしてなのでしょう。その答えは柳さんの何気ない作業にあります。調理中の柳さんには、ていねいな仕事ぶりが見られます。かたまり肉はきちんと血抜きする。和えものの水分はしっかり絞るなど、ひとつひとつの作業が、上品でおいしい料理を生み出すのです。そのていねいさには無駄がありません。計量スプーンや器についた調味料は料理に使う水やスープできれいにぬぐって残さず使う、肉や麺などは包丁とまな板を使わずはさみで切り分けるなど、随所に見られます。おいしさのための手間は惜しまず、でも必要のないことは一切しない。この徹底した仕事がおいしさを作ります。

水を替えながら1時間ほど血抜きした肉は、すっきりとした味わいで旨みが際立つ。

最後に卵を入れるとき、ざーっと回し入れず、沸いている部分にひとさじずつ置くようにのせる。すぐに固まるのでスープが濁らない。

つるつるとすべりやすい春雨は、手で持ち上げてはさみで切ると、簡単に食べやすい大きさになり、洗いものも少ない。

ナムル作りは材料の水分をしっかり絞り、ほぐしてから調味料を混ぜる。一連の作業を手で感触を確かめながら行うことにより、おいしくなる。

料理のための韓国語

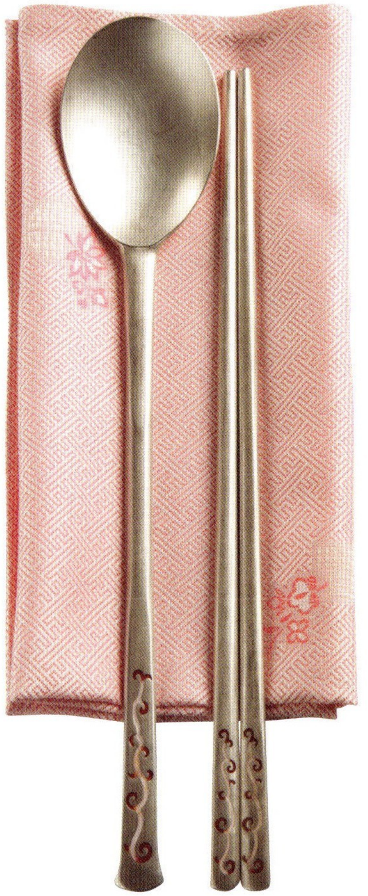

お店のメニューや食材店で、なんとなく目にしている韓国語。
食材名や調理法がわかるだけで、
料理が想像できて楽しくなります。
外来語由来のものなどは当てはまりませんが、
ここに挙げたビビンバや豚肉のキムチ炒めのように、
食材＋調理法を組み合わせた料理名が大半です。
難しいことは抜きにして、気になったものを探してみましょう。
少しわかっただけで食べ歩きやお買い物がさらに楽しくなりますよ。
韓国料理も上手になった気がするかも!?
読み方は本来日本語で表現できない音ですが、
参考までにご紹介いたします。

●ビビンバの場合

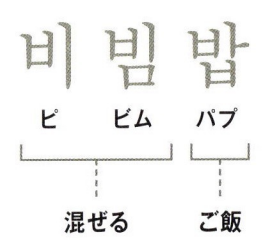

비《ピ》빔《ビム》밥《パプ》

비빔 → 混ぜる
밥 → ご飯

●豚肉のキムチ炒めの場合

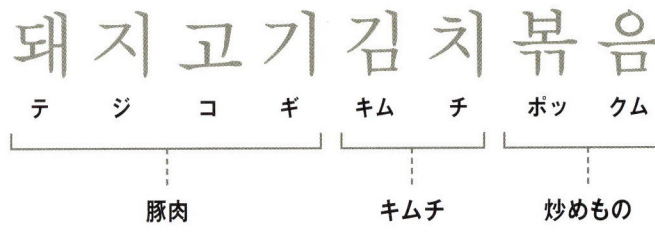

돼《テ》지《ジ》고《コ》기《ギ》김《キム》치《チ》볶《ポッ》음《クム》

돼지고기 → 豚肉
김치 → キムチ
볶음 → 炒めもの

日本語	韓国語	読み
きゅうり	오이	オイ
グリーンアスパラガス	그린아스파라거스	グリンアスパラゴス
ごぼう	우엉	ウオン
さつまいも	고구마	コグマ
サニーレタス	적상추	ジョッサンチュ
サンチュ	상추	サンチュ
しいたけ	표고버섯	ピョゴポソッ
じゃがいも	감자	カムジャ
春菊	쑥갓	スッカッ
しょうが	생강	センガン
新じゃがいも	햇감자	ヘッカムジャ
ズッキーニ	애호박	エホバッ
せり	미나리	ミナリ
ぜんまい	고비	コビ
大根	무	ム
たけのこ	죽순	チュッスン
玉ねぎ	양파	ヤンパ
トマト	토마토	トマト
長ねぎ	대파	テパ
なす	가지	カジ
生唐辛子	생고추	センコチュ
にら	부추	プチュ
にんじん	당근	タングン
にんにく	마늘	マヌル
白菜	배추	ペチュ
パプリカ	파프리카	パプリカ
万能ねぎ(細ねぎ)	실파	シルパ
ピーマン	피망	ピマン
ブロッコリー	브로콜리	ブロコルリ
ほうれん草	시금치	シグムチ
マッシュルーム	양송이	ヤンソンイ
豆もやし	콩나물	コンナムル
水菜	아삭채	アサクチェ
もやし	숙주나물	スッチュナムル
レタス	양상추	ヤンサンチュ
れんこん	연근	ヨングン

●豆類

小豆	팥	パッ
黒豆	검은콩	コムンコン
大豆	대두	テドゥ

●大豆加工品

おから	비지	ビジ
豆腐	두부	トゥブ
納豆	낫토	ナット

●海藻

昆布	다시마	タシマ
のり	김	キム

日本語	韓国語	読み

●肉

牛肉	소고기	ソコギ
鶏肉	닭고기	タッコギ
ひき肉	다짐육	タジムユッ
豚肉	돼지고기	テジコギ

●肉加工品

スパム	스팸	スペム
ソーセージ	소시지	ソシジ
ハム	햄	ヘム
ベーコン	베이컨	ベイコン

●魚介

あさり	바지락	パジラッ
あじ	전갱이	ジョンゲンイ
いか	오징어	オジンオ
いしもち	조기	チョギ
いわし	정어리	ジョンオリ
えび	새우	セウ
かき	굴	クル
かに	게	ケ
鮭	연어	ヨノ
さば	고등어	コドゥンオ
さわら	삼치	サムチ
さんま	꽁치	コンチ
しじみ	재첩	チェチョプ
白身魚	흰살 생선	ヒンサルセンソン
するめいか	살오징어	サルオジンオ
鯛	도미	ドミ
たこ	낙지	ナッチ
太刀魚	갈치	カルチ
たら	대구	テグ
はまぐり	대합	テハプ
ぶり	방어	パンオ
帆立貝	가리비	カリビ
まぐろ	참치	チャムチ

●魚介加工品

あみの塩辛	새우젓	セウジョッ
かに風味かまぼこ	게맛살	ケマッサル
さつま揚げ	오뎅	オデン
ツナ缶	참치 통조림	チャムチトンジョリㇺ

●野菜

赤ピーマン	빨간 피망	パルガンピマン
えごまの葉	깻잎	ケンニプ
えのきたけ	팽이버섯	ペンイポソッ
貝割れ菜	무순	ムスン
かぶ	순무	スンム
キャベツ	양배추	ヤンペチュ

日本語	韓国語	読み
オリゴ糖	올리고당	オルリゴダン
カレー粉	카레가루	カレカル
岩塩	천일염	チョニルヨム
牛だしの素	소고기다시다	ソコギダシダ
桂皮	계피	ケピ
ケチャップ	케첩	ケチョプ
こしょう	후추	フチュ
コチュジャン	고추장	コチュジャン
粉唐辛子	고추가루	コチュカル
ごま油	참기름	チャムギルム
酒	술	スル
砂糖	설탕	ソルタン
サラダ油	식용유	シギョンユ
塩	소금	ソグム
しょうゆ	간장	カンジャン
酢	식초	シッチョ
タデギ	다데기	タデギ
バター	버터	ポト
はちみつ	꿀	クル
マヨネーズ	마요네즈	マヨネジュ
水あめ	물엿	ムルヨッ
みそ	된장	テンジャン
みりん	미림	ミリム

【調理のことば】

日本語	韓国語	読み
和える	무치다	ムチダ
揚げる	튀기다	ティギダ
炒める	볶다	ポクタ
絞る	짜다	チャダ
包む	싸다	サダ
煮込む	푹삶다	プッサムタ
煮る	조리다	チョリダ
巻く	말다	マルダ
混ぜる	섞다	ソクタ
蒸す	찌다	チダ
もみ込む	주무르다	チュムルダ
焼く	굽다	クプタ
茹でる	삶다	サムタ

日本語	韓国語	読み
いただきます	잘 먹겠습니다	チャル モッケッスムニダ
ごちそうさま	잘 먹었습니다	チャル モゴッスムニダ
おいしいです	맛있어요	マシッソヨ

※韓国語の読みは、本来日本語で表現できない音ですが、
参考までにご紹介しています。

日本語	韓国語	読み
わかめ	미역	ミヨッ

●乾物

日本語	韓国語	読み
きくらげ	목이버섯	モギポソッ
朝鮮にんじん	인삼	インサム
なつめ	대추	テチュ
干だら	북어	プゴ
干ししいたけ	마른 표고버섯	マルン ピョゴポソッ

●種実類

日本語	韓国語	読み
ぎんなん	은행	ウネン
栗	밤	パム
黒ごま	검은깨	コムンケ
白ごま	흰깨	ヒンケ
ピーナッツ	땅콩	タンコン
松の実	잣	チャッ

●米・麺類・韓国もち・パン

日本語	韓国語	読み
うどん	우동	ウドン
韓国春雨	당면	タンミョン
韓国もち	떡	トッ
餃子の皮	만두피	マンドゥピ
ご飯	밥	パプ
米	쌀	サル
米粉	멥쌀가루	メプサルカル
食パン	식빵	シッパン
そうめん	소면	ソミョン
パン	빵	パン
もち米	찹쌀	チャプサル
ラーメン	라면	ラミョン
冷麺	냉면	ネンミョン

●果物

日本語	韓国語	読み
なし	배	ペ

●乳製品

日本語	韓国語	読み
牛乳	우유	ウユ
チーズ	치즈	チジュ
バター	버터	ポト

●その他

日本語	韓国語	読み
キムチ	김치	キムチ
たくあん	단무지	タンムジ
卵	계란	ケラン

【調味料】

日本語	韓国語	読み
粗塩	굵은 소금	クルグンソグム
いわしエキス	멸치엑기스	ミョルチエッキス
えごまの粉	들깨가루	トゥルケカル
オリーブ油	올리브유	オルリブユ

本当においしく作れる

韓国家庭料理

材料別さくいん

韓国家庭料理「妻家房」のご紹介

おいしい韓国家庭料理をていねいに教えてくださった柳さんのお店をご紹介します。
全国に18店舗、百貨店のイートインや韓国食品店は14店舗もあり、本物の味を堪能できます。
またキムチ、調味料、食材の通信販売もあり、
お近くに韓国食材店のないかたも、取り寄せることができます。

四谷三丁目の駅近くの便利な立地。1階の食品店を通って2階のレストランへ。食事のあと、買い物ができるのがうれしい。店先の屋根瓦は韓国から取り寄せたもの。

四谷本店

1階には白菜キムチをはじめ、季節のキムチやナムル、調味料や韓国食品が数多くそろいます。2階が落ち着いた雰囲気のレストラン。ランチは人気のビビンバやプルコギ定食などが人気。ディナータイムは本書でも紹介したメニューも数多くそろいます。きちんと食事をしたいときも、お酒を飲みながらつまみたいときも、どちらでも満足できます。1階の奥では月に2回、キムチ教室が開かれ、本書の先生、柳さんから季節のキムチ作りが習えます。
※甕（かめ）や調味料入れなど珍しい道具も見学できるキムチ博物館を併設しています。

東京都新宿区四谷3-10-25　永明ビル
☎03-3354-0100
営業時間11時30分～23時
年中無休

四谷本店1階でスタッフと。前列中央の柳さんをはさんで右が夫で社長の呉 永錫さん、左が呉さんのお姉さんで川口キムチ工場の工場長の呉 錦喜さん。

落ち着いた色調の店内で、ゆったり食事を楽しめる。背もたれに「妻」の字がぬかれた椅子は座り心地がよく、くつろげる。

工場直送の白菜キムチ、あみの塩辛、ナムルや、社長や柳さんが韓国で探して直輸入している調味料や食材などがずらりと並ぶ。食後買い物できるのがうれしい。

●通信販売

定番キムチからえごまのしょうゆ漬け、塩辛などの保存食品、コチュジャンなどの調味料、オリジナル冷麺セットなど幅広くそろう。取り寄せ方法などの詳細はホームページを。

☎03-3354-0100
FAX03-3353-6200
E-Mail：
mailorder@saikabo.com
ホームページ：
http://www.saikabo.com/

韓国食品取り扱い&イートイン

東急百貨店 東横店
西館地下1階
営業時間10時～21時

MATSUYA 浅草店
地下1階
営業時間10時～20時

玉川髙島屋S.C 地下1階
営業時間10時～21時

高麗川駅前店
営業時間10時30分～22時

マルイファミリー溝口店
地下1階
営業時間10時30分～20時30分

東急百貨店 たまプラーザ店
地下1階
営業時間10時～20時

西宮阪急 1階
営業時間10時～20時

博多阪急 地下1階
営業時間10時～20時
(金曜・土曜～21時)

阪急うめだ本店
大阪府大阪市北区角田町8-7
阪急うめだ本店13階
☎06-6366-0108
営業時間11時～22時

大阪なんば店
大阪府大阪市中央区難波5-1-18
なんばダイニングメゾン8階
☎06-6633-0108
営業時間11時～23時

中之島フェスティバルプラザ店
大阪府大阪市北区中之島2-3-18
フェスティバルプラザ地下1階
☎06-6226-0108
営業時間11時～22時

韓国食品取り扱い店

京王百貨店新宿店 地下1階
営業時間10時～20時30分
(日曜・祝日～20時)

伊勢丹新宿店 本館地下1階
営業時間10時30分～20時

東武百貨店 池袋店
プラザ館地下2階
営業時間 10時～21時
(日曜・祝日～20時)

東急百貨店吉祥寺店 地下1階
営業時間10時～20時

阪急うめだ本店 地下1階
営業時間10時～20時
(金曜・土曜～21時)

東京スカイツリータウン・ソラマチ店
東京都墨田区押上1-1-2
東京スカイツリータウン・
ソラマチイーストヤード6階
☎03-5809-7108
営業時間11時～23時

トリエ京王調布店
東京都調布市布田4-4-22
トリエ京王調布A館5階
☎042-489-0108
営業時間11時～23時

立川店
東京都立川市曙町2-1-1
ルミネ立川店8階
☎042-521-7108
営業時間11時～22時

韓国ごはん pab-sang
柏髙島屋店
千葉県柏市末広町1-1
柏髙島屋ステーションモール
新館専門店10階
☎04-7140-0108
営業時間11時～22時

水戸店
茨城県水戸市泉町1-6-1
水戸京成百貨店9階
☎029-302-5108
営業時間11時～23時

横浜店
神奈川県横浜市西区南幸1-6-31
髙島屋横浜店8階
☎045-326-3108
営業時間11時～22時30分

名古屋ラシック店
愛知県名古屋市中区栄3-6-1
三越ラシック7階
☎052-261-0108
営業時間11時～23時

その他のレストラン

丸の内オアゾ店
東京都千代田区丸の内1-6-4
丸の内オアゾ5階
☎03-3284-0108
営業時間11時～23時

有楽町店
東京都千代田区有楽町2-7-1
有楽町イトシア地下1階
☎03-6266-0108
営業時間11時～23時

韓国ごはん pab-sang
新宿ルミネエスト店
東京都新宿区新宿3-38-1
ルミネエスト7階
☎03-3354-0108
営業時間11時～23時

恵比寿店
東京都渋谷区恵比寿南1-5-5
アトレ恵比寿6階
☎03-6408-0108
営業時間11時～22時30分

nyam2 (ニャムニャム)
東京都渋谷区宇田川町15-1
渋谷パルコ地下1階
※2019年11月22日オープン

韓国ごはん SAIKABO
イオンスタイル碑文谷店
東京都目黒区碑文谷4-1-1
イオンスタイル碑文谷7階
☎03-3710-0108
営業時間11時～22時

池袋店
東京都豊島区西池袋1-1-25
東武スパイス12階
☎03-5952-0108
営業時間11時～22時

柳 香姫（リュウ ヒャンヒ）

1952年、韓国・大邱生まれ。韓国料理研究家、韓国家庭料理「妻家房」総料理長。
1985年に来日。ていねいで味わい深い手料理が、友人の間で評判となり、1993年、夫・呉 永錫さんとともに「妻家房」をオープン。月2回のキムチ教室や、カルチャーセンターでは、さまざまなキムチの作り方をわかりやすくレクチャーし、本場のキムチが習えると熱心に通う生徒も多い。たびたび韓国を訪れては、よりおいしい食材や調味料探しに余念がない。幼いころから家庭でおいしい料理を食べてきた長女の呉 知宣さんも料理研究家。

撮影　髙橋栄一
写真　坂本正行（p.152右下）
アートディレクション　山川香愛
レイアウト　古川 徹　原 真一朗（山川図案室）
取材・文　井伊左千穂
撮影協力　鈴村美和（妻家房）
校正　佐野春美
株式会社文字工房燦光
編集　原田敬子　能勢亜希子

協力
白山陶器 東京ショールーム
http://www.hakusan-shop.com

※掲載している情報は、2019年10月10日現在のものです。店舗情報などは諸事情により変更されることがあります。あらかじめご了承ください。

きちんと定番COOKING

本当においしく作れる
韓国家庭料理

発行日　2012年 8月 5日　初版第 1 刷発行
2019年11月 5日　第10刷発行

著　者　柳 香姫
発行者　竹間 勉
発　行　株式会社世界文化社
〒102-8187
東京都千代田区九段北4-2-29
電話　03-3262-5118（編集部）
03-3262-5115（販売部）

印刷・製本　共同印刷株式会社

ISBN 978-4-418-12309-4